Helga Stützenberger

Hi, Albania!

--- ▲ ---

Urlaub auf Balkanien 2.0

AF158985

Herstellung und Verlag:
BoD - Books on Demand, Norderstedt
ISBN 978-3-7431-1317-6

Inhaltsverzeichnis

Vorwort 7
Good bye, Gallusstraße 9
Wir sind dann mal weg! 13
Picknick am Autoput 15
Die Pinguine von Jajce 19
Another hero? 25
Kommt keiner! 33
Eyes without a face 41
150 Pferde und ein Glücksschwein 45
Hi, Albania! 51
Kamping mit Nebenwirkungen 59
Albanisches Hexenblut 65
Shën Dyshek Kashte 71
Kleine Bunkerkunde 81
Der kleine Puck 95
Fahr- und Geschichtsstunden 101
Chronik in Stein 113
Das Husten der Ziegen 125
Anagrammatik im Neverland 132
Bye, bye, Albania 143
Urlaub auf Balkanien 151
Aufbauarbeiten 157

Oh, Maria, hilf! 167
Schau, schau, Schoschonen! 175
„Du, entschuldige, i kenn di ..." 181
Leichtes Gepäck 185
Faria, faria, ho 191
Griaß di, Gallusstraß'! 197

Vorwort

MARKDORF IM NOVEMBER 2016

Hexenkessel. Nach wie vor haftet dem Balkan diese Begrifflichkeit an. Denn in der Tat brodelt es auf der ganzen Länge des Dinarischem Gebirgskammes noch immer. Längst ist der Jugoslawienkrieg traurige Geschichte aber die Wunden und tiefen Krater, mit denen ganz Balkanien überzogen ist, klaffen aus der aufgerissenen Erde und den eingerissenen Häusern. Infiziert von einem aggresiven Virus, verbreitet durch Ethnien aller Art, schleicht sich eine ganz neue Krankheit ein, die sich religiöser Fanatismus nennt. (Auch unter dem Namen Islamismus bekannt, was übrigens nicht zu vergleichen ist mit dem durchaus toleranten Islam.)

Großflächig versucht diese Malaise Besitz zu ergreifen von geschwächten Regionen, anstatt sich nach langen Zeiten religiöser Grabenkämpfe langsam auszuschleichen und wie eine Borke endlich von der Oberfläche eines gezeichneten Landes abzufallen. Der Heilungsprozess ist zwar im Gang, geblieben jedoch sind Narben unter der Borke, und neue Geschwüre tun sich mancherorts auf. So in Bosnien, in Serbien, in Montenegro. Vom Kosovo und der Stadt Mitrovica ganz zu schweigen. Auch in Mazedonien brodelt es nach wie vor, was selbst für uns laut vernehmbar war und ist, gab es doch im Frühjahr 2015 in Ohrid aufständebedingt über 70 Tote zu beklagen.

Anders hingegen ist die Lage in Albanien. Denn dieses Land hat seine Geschichte längst zornfrei hinter sich gelassen, ohne sie dabei je in Vergessenheit geraten zu lassen. Auch wenn nach wie vor eine symbiotische Beziehung zwischen weiten Teilen von Verwaltung und Politk besteht und durch Korruption organisierte Kriminalität an der Tagesordnung ist. In diesem Land stinkt vieles zum Himmel, während die Wirtschaft am Boden kauert und die Arbeits- wie Perspektivlosigkeit manche Seele auffrisst. Dennoch ist der Albaner per se weder unzufrieden noch neidet er den Nachbarn irgendetwas, würde sich womöglich gar darüber lustig machen.

Während die Bosniaken ihrerseits die Montenegriner belächeln, die angeblich im Ansehen sämtlicher Nachbarländer den Ostfriesen in nichts nachstehen, während die Serben die Bosniaken nicht ausstehen können, die Mazedonier niemals auch nur einen Fuß in das Kosovo setzen würden, belächelt jeder aber den Albaner im Allgemeinen. Grundsätzlich jedoch scheint es so, dass die Bevölkerung der Skipetaren auf dem ganzen Balkan kein großes, ach was, überhaupt kein Ansehen genießt.

Dem Albaner indes ist das völlig schnuppe. Er hat bestenfalls ein mildes Lächeln für seine Nachbarn übrig und kann über sich selbst und die Zustände in seinem Land am allerlautesten lachen. Denn eine absolut sympathische Eigenschaft der Albaner ist ihre Fähigkeit, die kleinen wie großen Schieflagen und Katastrophen in Politik, Gesellschaft und Alltag mit Humor zu nehmen. So nimmt auch der Albaner sämtliche Vorurteile, die von Engstirnigkeit zeugen und die Religion als Schürhaken des Hasses in diesem lodernden Feuer unter dem Hexenkessel dient, weder für bare Münze noch als ernsthaft diskutables Argument. Denn Kleinigkeiten, wie Religionszugehörigkeit sind weder von gesellschaftlichem Belang noch von machtpolitischer Bedeutung.

Der Albaner an sich hat nämlich ganz andere Sorgen als der dogmatische Moslem oder der unbarmherzige Christ.

Jetzt soll dieses Buch keinesfalls ein kritisches Werk für oder wider jeglichen Glaubensbekenntnisses werden. Mitnichten aber kommt man auf Balkanien an diesem Thema gänzlich vorbei. Glücklicherweise jedoch gibt es noch viele andere Geschichten, die mit Geschichte und Gesinnung aber auch gar nichts zu tun haben, an denen man aber gerne (nicht) vorbei kommen möchte.

Viele dieser Geschichten sind uns auf unserer Reise widerfahren. Ob es tatsächlich alle waren, die möglich gewesen wären, lässt sich nicht nur nicht sagen, sondern prinzipiell und rein rechnerisch nicht be- noch widerlegen. Denn wiche man nur eine Sekunde lang von seinem Weg ab, wäre der Verlauf vermutlich ein ganz anderer. Insofern stellt sich vielmehr die Frage: Was wäre denn gewesen, wären wir zu keiner Zeit von unserem Weg abgewichen? Wie hätte sich die Geschichte fortgeschrieben? Wären wir heute alle wieder zurück in der Gallusstraße, säßen am warmen Kachelofen und würden Pläne für die nächste Reise schmieden?

Was wäre gewesen ohne die SMS von Vreni und Hendrik: „Das schafft ihr mit dem Wohnwagen niemals!"? Hätten wir's gewagt und womöglich nicht geschafft? Oder hätten wir's gelassen? Müßig, darüber nachzudenken. So müßig, wie über die Frage: Sollten wir den nächsten Urlaub nicht besser zuhause verbringen, damit wir uns keiner Gefahr aussetzen?

Von daher ist das Abenteuer Balkanien 2.0 nur eine Möglichkeit von vielen, einen Urlaub so oder so zu verbringen.

Wir verbrachten ihn so …

Good bye, Gallusstraße

MARKDORF, 30. JULI 2016

Zugegeben, das Auto ist neu, die Idee nicht mehr so ganz. Und unser Wohnwagen, der ist so richtig alt und feiert in diesem Jahr seinen 20. Geburtstag. Gehört somit schon fast zu den Oldtimern unter den Rolling Homes. Und obwohl unser alter Golf, das tapfere und unermüdliche Dieselross, diese Reise nicht mehr mit uns antreten wird, weil er einem neuen Mercedes (nicht) gewichen ist oder besser gesagt, dieser Karosse einfach nicht gewachsen war (gut, Paula, meine Große, hatte sich im Kräftemessen geübt), war die Idee bereits im vergangen Jahr kurz nach unserer Heimkehr von „Balkanien" geboren. Bleibt also zu hoffen, dass unser neues Familienmitglied, der Mitshubishi, ihn gebührend vertritt.

Was damals – einmal quer über den Balkan bis in den Norden Albaniens – für Viele ein absolutes No-Go war, fand heuer rasch in den Gemütern mancher alten Zauderer eine neue Nische. Grauenhaft, dreckig, heiß, ärmlich – einfach dumm, dirty und draufgängerisch waren nur einige Adjektive, die dieses Unterfangen untermalen sollten. Immerhin wurden wir seit geraumer Zeit und seit unserer Bewährungsprobe nicht mehr für komplett verrückt erklärt, was unser „neues" Reiseziel anbelangt, das uns nun über teilweise altbekannte Routen einmal mehr über „Balkanien" bis ganz in den Süden Albaniens führen soll.

Die Schriftstellerin Mary Edith Durham hat's als eine der ersten allein reisenden Frauen Ende des 19. Jahrhunderts vorgemacht und mit dem Klassiker „High Albania" ein schillerndes Kaleidoskop eines Landes erschaffen, das ihr auf diesem Trip ganz besonders an's Herz gewachsen war. In Anlehnung an dieses Opus Magnum und auf den Spuren Marys wollen wir nun morgen aufbrechen und uns frei nach Gusto und Bauchgefühl (das sich so kurz vor Abfahrt übrigens als äußerst flau erweist) über Slowenien, Kroatien, Bosnien und mitten durch Montenegros grandiose Bergwelt mit viel Zeit im Gepäck nach Albanien leiten lassen. Vielleicht führt uns ein Abstecher nach Mazedonien, in dieses kleine unbekannte Land, das für uns bislang nichts als ein weißer Fleck auf der Landkarte darstellt. All das wird sich im Laufe der „erfahrenen" Strecke mit sämtlichen Unwägbarkeiten ergeben und situationsabhängig entschieden, immer unter der Prämisse der politisch halbwegs sicheren Lage. Denn so ganz fern der Krisengebiete werden wir uns wohl nicht immer aufhalten. (Alternativ könnten wir somit auch nach Frankreich fahren oder einfach zu Hause bleiben.)

Ob wir es binnen eines Zeitraumes von zirka fünf Wochen tatsächlich schaffen werden, mit unserem Wohnwagen-Gespann das südliche Butrint an der Grenze zu Griechenland und gleichzeitig das albanische Arkadien zu erreichen, das steht zum einen in den Sternen, zum anderen unter den Vorzeichen des gutgesonnenen Halbmondes. Aber wenn wir eines bereits gelernt haben, dann waren dies nie Etüden über das Manifest irgendwelcher Konfessionen oder Glaubensbekenntnisse und schon gar nicht Lehrstücke von Menschen, die ihre religiöse Weltanschauung doktrinär verströmen. Ganz im Gegenteil lehrte uns auf unserer Reise im vergangenen Jahr nicht nur ein ganzes Volk allergrößte Gastfreundschaft, selbstverständliches

Miteinander, uneingeschränkte Toleranz und verblüffende Weltoffenheit, was schon Lord Byron mit seinen eigenen Worten beschrieben hat:

„Während sich der eine als Christ bezeichnet und der andere als Moslem, bezeichnet sich der Albaner einfach als Albaner."

In diesem Sinne sage ich als polyglotte Allgäuerin:
Good bye, Gallusstraße!
Hi, Albania!
Pfiagott und Mirëdita!

Alle Wege führen zum Campingplatz. Denn Platz zum Campen ist überall.

Wir sind dann mal weg!

ST. MICHAEL, A, 31. JULI 2016

Was sich aus unseren Schlussfolgerungen bezüglich der Staumeldungen des zu Ende gehenden Wochenendes entwickelt hatte, zeichnete sich schon in München als eine sehr gute Entscheidung ab. Nämlich unsere Abfahrt auf Sonntagnachmittag zu vertagen. Den Stau am Mittleren Ring deutete lediglich Marlene im übertragenen Sinne mit einem Seitenhieb in meine Richtung, aber ansonsten war da schlichtweg keiner! Auch Salzburg und den Tauerntunnel locker gepackt, floss der Verkehr nicht weniger flüssig, so, wie auch der Regen. Wobei der nicht nur floss, sondern regelrecht strömte … Kann ja auch nicht jede Reise so beginnen, wie die im vergangenen Sommer.

„Ab jetzt kann's nur noch besser werden", waren Jörgs Worte, als wir um zirka 22 Uhr den Caravanstellplatz in St. Michael im Lungau erreichten.

Der nächste Morgen war weder klar noch warm und obendrein stand neben unserem Bett eine gewaltige Wasserlache. Nein, nicht doch … Honi soit qui mal y pense …

Nach langen und ernsthaften Überlegungen und einem kurzen Indizienprozess schob ich dieses Malheur kurzerhand auf das undichte Heckfenster, das am Abend vor Abfahrt, nach ein paar Bieren bei Dreas und einem Regenguss in der Gallusstraße einfach nicht geschlossen wurde. Punkt.

Besser jedoch wurde es damit noch nicht gleich. Auch nicht trockener ... Aber gut Ding will bekanntlich Weile haben.

Picknick am Autoput

DUGO POLJE, HR, 1. AUGUST 2016

Wer kennt ihn nicht, den berühmt berüchtigten Autoput von Zagreb nach Belgrad? Eigentlich wollten wir diese Route nie und nimmer fahren, waren wir doch eher auf Gemütlichkeit und Beschaulichkeit aus. Aber so lässt sich's einfach nicht in der Zeit so weit kommen, wie wir uns das vorgenommen haben. Also Augen zu und durch und erst mal Strecke machen! Oder erst mal rein nach Zagreb. Denn bislang lief's verdammt gut und der Hauptstrom floss Richtung Meer und Split ab.

Zagreb war Hölle unter der diesigen Dunstglocke; immer wieder Nieselregen und ständig Dieselabgase irgendwelcher „nostalgischer" Autos und Lastwagen der Marke „Yugo uralt".

Dann endlich durch, verlief die Fahrt eigentlich locker flockig. Oder einfach deprimierend, dröge und langweilig?

„Polje" heißt „Feld", und „Feld" bedeutet bekanntlich „flach". Oder einfach topfeben. Und jedes dieser Felder um Zagreb und Umgebung hat einen Vornamen. Wie bei Kißlegg das Hasenfeld eben (das hier Zec Polje heißen würde). So tuckerten wir also durch sämtliche Poljes des serbokroatischen Wortschatzes und Tierreiches und waren einfach nur desillusioniert ob dieser Ödnis. Denn unsere Reise im vergangenen Jahr war weder von Regen begleitet, noch von solcher Hässlichkeit. ABER! Und darüber waren wir informiert! Der Autoput hat rein gar nix mit Road-Movie-Romantik zu tun, noch könnte Sonnenschein von all seiner schäbigen Tristesse ablenken. Vielmehr war das für die längste Zeit die allergrößte Ganovenmeile über den Balkan. Von dem her gab es also gar nicht so vieles zu beanstanden. Und der reinwaschende Regen war sozusagen der passende Begleiter auf dieser Etappe.

„Ey Läudde, da steig ich jetzt echt nicht aus!" Jawoll, das waren die Worte einer unserer Töchter, die längst zu jener Generation gehören, welche alle Menschen (vormals auch als Mama und Papa bekannt) nicht mehr mit „Altahh" (geschlechtsneutral!) ansprechen, sondern neuerdings zu „Läudde" machen. (Wem kümmert schon der Akkusativ?)

Als neue „alte" Eltern haben wir also den Rastplatz mit dem abgefackelten Restaurant, der runtergekommenen Tankstelle, dem versifften und von besseren Zeiten (oder noch schlechteren?) träumenden Klöhäusle, dem komplett zugemüllten Parkplatz sowie dem beißenden Odeur von Urin, das beim Aussteigen unmittelbar die Nasenschleimhäute zu verätzend drohte, abgesehen und haben den nächst besseren angefahren.

Der aber kam nicht …

Jörg hatte recht. Es konnte von nun an wirklich nur noch besser werden. Allerdings nicht unmittelbar. Bevor uns der Autoput so richtig in seinen Bann zog, schafften wir es, die Kurve Richtung Banja Luka zu kriegen. Und siehe da! Autobahn runter – Landstraße rauf, verlief das Reisen wieder in erstaunlich geregelten, um nicht zu sagen beschaulichen Bahnen.

Den Wohnwagen im Schlepptau, steuerte ich (jawoll: ich!) unser Gespann einmal quer „polje" ein, und wir konnten sogar dem „großen Feld" etwas Schönes abgewinnen. Die Sava, der Grenzfluss zu Bosnien, ist zumindest so eine Landmarke, die einen doch tatsächlich mit ihrer Anmut in ihren Bann zieht.

Aber dann, apropos Bann: Der Fluss war auf einen Schlag gebannt. Zumindest der Autofluss, und das durch den Schlagbaum. Unvermittelt standen wir zirka zwei Kilometer vor der Grenze zu Bosnien und damit vor zirka zwei Stunden Wartezeit.

„Nein, schön finde ich die Sava jetzt echt nicht mehr, wenn die so einen Aufruhr verursacht", war es Jörg, der ansonsten recht ruhig alles zur Kenntnis nimmt und eigentlich immer das Beste daraus macht – aber nun Vergleiche zum Ruhrgebiet zieht (denn der Grenzort Nova Gradiska hatte durchaus vergleichbares Potenzial).

Jetzt aber gab es keine Wahl mehr zwischen Bestem und Zweitbestem. Es war einfach richtig besch … Wir standen in der Schlange, dann waren wir endlich an der Reihe und nach 118 weiteren Kilometern über Banja Luka schließlich durch den zauberhaften Vrbas-Canyon, der auch bei Regen seinen Zauber nicht verliert, ziemlich erschöpft im bosnischen Jajce angelangt. Unserem ersten richtigen Etappenziel, das wir bereits im vergangen Jahr mit seinen vielen Hunden kennengelernt haben. Aber das war eine andere Geschichte.

Erstes Picknick am Autoput. Als Ernüchterung erwies sich nicht nur der Abwasch ...

Erstes Frühstück in Jajce / Bosnien. Trübe Stimmung war gestern.

Die Pinguine von Jajce

JAJCE, BIH, 2. AUGUST 2016

Diejenigen, die sich an die „Höllenhunde von Jajce" erinnern, erwarten hier bestimmt eine Neuauflage der nächtlichen Gefechte sämtlicher bosnischer Straßenköter. Aber ganz falsch gedacht: Die Hunde sind weg, dafür sind die Pinguine da! Und viel mehr noch ist da. Über das ich in der Kürze der Zeit gar nicht berichten kann. So vieles haben wir in diesen heutigen Tag gepackt. Also müssen ein paar Stichworte genügen, um Überzeugungsarbeit zu leisten, dass wir wohlauf sind.

1. Vielen Dank für die vielen herzlichen Geburtstagsgrüße. Schön, aus der Ferne über so viel Nähe zu wissen …

2. Das Geburtstags-Glücksschwein von Bine und Dreas kann ich sowas von gut gebrauchen und gibt mir ein Grundvertrauen, das mich nach meinem gestrigen Zaudern einfach Lügen straft. Heute übrigens hatte es seinen ersten Einsatz. (Aber nicht nur das Schwein allein, sondern auch das legendäre Notfallbüchle ist mit an Bord, samt den 20 Euro, die im Buchrücken verstaut sind und über den allergrößten Notfall hinweg helfen sollen.)

3. Abenteuerliche Radtour durch das bäuerliche Bosnien mit diversen Badepausen.

4. Besichtigungsmarathon am Nachmittag mit dem gefassten Beschluss, die nächsten Tage ruhig anzugehen.

5. Die aufgeworfene Frage: Woher kommen all die Pinguine? (Mit den Pinguinen seien die unzähligen voll verschleierten Frauen in langen Burkas gemeint, die, begleitet und bewacht von ihren Männern und Buben (Mädchen sind kaum einmal dabei) ein mehr oder weniger isoliertes Dasein unter dieser Art Tarnmantel fristen. Stellt sich eine weitere Frage: Weshalb sind die alle hier?

Jörg ist der Meinung, weil Bosnien das nördlichste muslimische Land sei und weil sie in christlich geprägten Ländern wenig Ansehen unter diesen furchteinflößenden und menschenunwürdigen Gewändern genießen würden. Und weil Jajce so eine Art Pinguine-Hochburg darzustellen scheint. Die Balkan-Eisscholle sozusagen.

Und ich frage mich: Wo kommen sie her? Aus aller Herren Länder, in denen die Frauen nichts zu sagen haben. Aber die Sippen sehr wohlhabend sind, was man an deren (Männer)Kleidung und dem ausgeprägten Markenbewusstsein sieht. Oftmals ist das ein erschütterndes Bild, wenn einer dieser Pinguine beim Essen sitzt und Gabel für Gabel unter einem Ganzkörperschleier mit integriertem Gesichtsschutzlappen verschwinden lässt (und ja, wir haben tatsächlich damit begonnen, im Maskulin von diesen Gestalten zu sprechen, ist ihnen doch dadurch jegliche Weiblichkeit abhanden gekommen).

6. Hier mit der Policja in Clinch zu geraten, ist nicht unbedingt lustig, aber irgendwie war es das doch. Direkt aus der Bar („In der Bar, in der Bar, was machen die da?" Klar! Biertrinkern! :-) mit dem Auto unmittelbar auf den Polizeiposten am Stadtaus-

gang zugesteuert, war Jörg noch bemüht, rasch einen Kaugummi einzuwerfen und in der Kürze der ihm verbleibenden Zeit bis zur Beinah-Inhaftierung darauf herumzukauen wie eine Allgäuer Kuh auf einer Portion aufgestoßenen Huflattichs.

Es war aber auch zum Kotzen. Da waren wir mal grad zwölf Minuten über der Zeit, den Stadtkern automobil zu räumen, und schwupp-di-wupp hatten die uns an der Kandare. Die Bierfahne indes spielte dabei gar keine Rolle, das gehörte wohl zum guten Ton. Beide sprangen wir aus dem Auto, damit sich unsere Ausdünstungen schnell in Luft auflösen konnten, andere Dinge dies aber nicht taten. Im Gegenteil wurde die Luft immer dicker! Es sei bereits nach 18 Uhr und somit dürften hier keine Autos mehr fahren. Gut, das hatten wir am Nachmittag schon den Schildern entnommen, bloß jetzt blöderweise vergessen. Und obwohl sich Täter wie Richter nicht nur hervorragend verstanden ohne auch nur ein einziges Wort der jeweiligen Sprache zu sprechen oder zu verstehen, sondern obendrein den allergrößten Spaß miteinander hatten – Strafe musste sein! Da wollte der doch glatt Jörgs Führerschein einbehalten und uns „bitten", morgen früh bei ihm auf der Polizeiwache vorbeizukommen, um zehn Mark Wechselgeld abzuholen. Die Buße betrug nämlich exakt 20 Euro. Oder eben 40 Bosnische Mark. Und wir hatten nur einen 50-Mark-Schein. Irgendwo kramte er dann noch ein bisschen Münzgeld in seiner Hosentasche hervor ... Der Rest war dann Trinkgeld!

„Da fliegt mir doch das Blech weg ..."

Zum Geburtstag viel Glück! Das Glücksschwein wird uns noch gute Dienste erweisen ...

Kalt, blau, schön und so verlockend. Die Pliva-Seen bei Jajce.

Schwarz, gesichtslos und von Männern bewacht. Die Pinguine von Jajce.

Die Kriegswunden sind allerorts noch sichtbar. Kneipen-Landschaft in Jajce.

Another hero?

BORACKO JEZERO, BIH, 4. AUGUST 2016

Gestern sind wir ein Stück weiter südwärts gezogen, was unseren Wohnwagen beziehungsweise den Mitschuh zum ersten Mal an seine Grenzen gebracht hat. Die Fahrt verlief zunächst völlig reibungslos, denn mit einem langsamen Vorankommen war bereits vor Abfahrt zu rechnen. So tuckerten wir gemütlich über die bosnische Landstraße in Richtung Sarajevo. Verkehr gab es wenig, staunende und winkende Menschen viele, so, wie sie uns im vergangenen Jahr bereits begegnet waren.

Manche Dinge bemerkt man auf solchen Fahrten erst auf den zweiten Blick, wenn man ihn abwendet von der Landschaft und den Menschen, die hier leben. Zum ersten Mal fielen uns die unzähligen Friedhöfe auf, die fast flächendeckend das ganze Land überziehen. Am Eindrücklichsten sind davon gewiss die muslimischen „Gottes"äcker, denn die nehmen gewaltige Ausmaße in Anspruch. Fast kommt es einem vor, als würden hier Flächennutzungspläne unter einem ganz anderen Aspekt betrachtet. Diese Felder ziehen sich hügelan, hügelab über's ganze Land. Immer wieder unterbrochen von christlichen oder orthodoxen Friedhöfen. Aber in der Summe überwiegen ganz klar die muslimischen Gräberfelder.

„Was hier für ein Totenkult betrieben wird, ist schon gewaltig", fasst Jörg das sich daraus ergebende Flickwerk in der Landschaft zusammen. „In diesem Land wird für die Toten mehr getan als für die Lebenden." Das kann man wohl so auf den Punkt bringen. Und diese Friedhöfe werden auch nie wieder aus diesem Bild verschwinden. Sie wachsen und wachsen und wachsen. Wie auch die Moscheen. Scheinbar gilt es vordergründig, Zeichen zu setzen, was in der Summe irgendwie ein erschreckendes Bild abgibt. Einen Liegeplatz hat man hier auf „Lebzeiten" im Reich der Toten. Da wird nicht etwa nach 100 Jahren das Feld geräumt, um dem Nächsten Platz zu machen.

So führte unsere Route weiter durch Dörfer, vorbei an Flüssen und Seen und vielen, vielen Poljes. Bis sich die Straße aufbäumte und zu einer ersten sportlichen Bergetappe über den Makljen aufforderte. Locker die Serpentinen gepackt, denn Mitschuh als auch Wohnwagen hatten beide neue Schuhe bekommen, offenbarte sich oben auf der Passhöhe ein gewaltiger Blick über das Land.

„Los, wir halten hier an, irgendwo wird das schon möglich sein. Ich will ein Foto machen", war meine befehlende Bitte.

„Ne, Mama, echt nicht, wir wollen heute noch ankommen und endlich zum Baden", maulten die Kinder aus der hinteren Reihe. „Das kannst du dir alles nachher auf Google Earth anschauen", war Marlenes ernst gemeinter Vorschlag.

Ja, und ich muss zugeben, das tue ich auch oft. Aber jetzt wollte ich das Panorama halt Live und in Echtzeit haben. Also Stühle raus und Picknick hergerichtet!

Etwas abenteuerlicher gestaltete sich dann die Abfahrt. Wo letztes Jahr noch Straße war, war dieses Jahr keine mehr. Dafür jede Menge Schotter, erdrutschgezeichnetes Gelände und Bagger, Laster, Bauarbeiter. Irgendwie kamen wir durch, oder vielmehr hüpften wir mit unserem Gespann über Stock und Stein, wichen herabkrachenden Felsbrocken aus, befanden uns aber bald schon wieder auf dem Asphalt. (Gruß an Bine und Dreas: Die stibitzten langstieligen Campari-Gläser aus der Maremma haben's übrigens überlebt ;-))

War ja halb so schlimm! Ganz schlimm sollte es nämlich erst noch kommen …

Konjic war unser Ziel, zumindest jenes, welches das Navi noch verstanden hatte. Denn für die letzte Etappe waren keine Karten mehr verfügbar.

„Kinder, jetzt sind wir gleich da! Es sind gerade mal noch 15 Kilometer." Und mit der grandiosen Kulisse, dem grünblauen Wasser der Neretva, dem Anblick des herrlichen Jablanicko-Jezeros und des blitzblauen Himmels stieg auch meine Vorfreude auf den Boracko Jezero. Dass sich dieser See nicht umsonst als einer der schönsten Bergseen Bosniens bezeichnet, hat wohl seinen Grund, und dieser Grund heißt schlichtweg Berg!

Ich will jetzt gar nicht mehr weiter ausführen, wie sich diese letzten „kurzen" 15 Kilometer nicht nur in die Länge, sondern vor allem in die Höhe gezogen haben. Am Anfang war's noch kein Problem. Auch die kleine Fußgängerzone unten im Dorf ließ sich locker durchkreuzen. Das Lastwagenverbots-Schild gab zum Einen Beruhigung, zum Anderen aber warf es doch die heimliche Frage auf, weshalb hier Lastwagen nicht fahren dürfen … Aber ach was – es ging ja!

„Gell, da kommt jetzt keiner, wenn da ein Verbots-Schild steht?", richtete ich mehr verzweifelt und mich an einen dünnen Strohhalm klammernd meine Frage an Jörg, so, wie wenn man ein Kind fragen würde „Gell, du isst nichts von der Schokolade auf dem Tisch, wenn ich nicht hingucke?" Oder so ähnlich …

Noch war Jörg guter Dinge. Schmunzelte über meine Panik und kurbelte Kurve um Kurve die Serpentinen hoch. Auch noch, als die Straße enger und enger wurde und schließlich in einen Singletrail überging, ließ seine Zuversicht nicht nach.

„Das ist schon mal ein guter Vorgeschmack für den Llogara-Pass. Du wolltest doch noch ganz andere Straßen fahren", entsandte er immer wieder kleine, süffisante Seitenhiebe.

„Da kommt einer!!!!", brüllte ich wie vom Blitz getroffen. „Nein, gleich zwa-haiii!!!!"

Jetzt wurde es nicht nur saueng, sondern auch Jörg ziemlich blass. Zwei große Lastwagen von oben, zirka zehn Autos hinter uns und eine einspurige Piste mit geschätzten 20 Prozent Steigung vor uns. Die Notlage war schnell erkannt, die beiden Lastwagen mussten nach oben zurücksetzen. Was uns dazu brachte, in einer geschotterten Ausweichstelle erst einmal kurz Luft zu holen, um nach dem Passieren der beiden LKWs im Geröll anfahren zu müssen. Vorbelastet vom letzten Jahr, steckte uns immer noch das Durmitor-Desaster in den Knochen.

Ein Scharren der Räder, ein Fauchen, ein Qualmen, viel Gummi. „Ich dreh jetzt gleich durch!", waren meine verzweifelten Töne, die ich halb wimmernd, halb schreiend von mir gab. Die Reifen taten es mir gleich! Bis der Mitschuh gerade noch die Kurve gekriegt hat und mit dem Wohnwagen im Schlepptau ins Rollen kam. Irgendwie haben wir es mit viel Glück ohne ein weiteres Mal anhalten zu müssen nach oben geschafft. Puh!

„Hätte man sich das nicht mal auf Google Earth anschauen können, bevor man so eine Strecke fährt?", fuhr Jörg mich an. Klar, hätte „man", Frau hat's eben nicht getan. Tssss ... Ich laß mir doch nicht von Google Earth vorschreiben, wo ich fahren kann und wo nicht!

Jörg zeigte sich zum ersten Mal und mit Schweißperlen auf der Stirn etwas angesäuert, während Tina Turner aus dem

Radio röhrte: „All the children say: we don't need another hero!" Wie recht sie doch hatte: Denn wir hatten ja einen!

„Boah, ist das ein toller Blick nach unten", fand ich schnell meine Worte wieder. „Siehst du da unten den See?" Klar sah Jörg den See und zeigte sich auch wenig verwundert, dass der sich nicht ganz oben auf dem Pass befand. Wie's weiter ging, will keiner wirklich wissen, sowenig, wie wir wissen wollen, wie wir hier jemals wieder weg kommen werden.

Den zauberhaften Platz am noch zauberhafteren Boracko Jezero nach den längsten 15 Kilometer unseres Lebens erreicht, schien sich auch der Wirt dieses „Eko Selos" zu wundern, wie wir hier überhaupt her gekommen sind. Zumindest war er völlig konsterniert, als es darum ging, eine Rechnung für Auto UND Wohnwagen aufstellen zu müssen.

Eine Landschaft wie im Bilderbuch. Auf der Passhöhe des Makljen-Gebirges. Bosnien.

Picknick auf höchster Höhe ...

... bevor es nur noch abwärts ging. Auch mit den Straßenzuständen.

Einmal noch über'n Berg, und wir schlugen am Boracko Jezero unser Lager auf.

Kommt keiner!

BORACKO JEZERO, BIH, 4. AUGUST 2016

Am Abend kamen Verena und Hendrik. Beide waren sie junge 19 Jahre alt und mit dem kleinen Bus von Verenas Papa unterwegs, den sie auch immer wieder telefonisch konsultieren mussten, wenn's mal wieder eine kleine Delle gab.

„Nee! Ne?", zeigte sich Hendrik auf westfälische Weise völlig entgeistert. „Ihr seid mit dem Wohnwagen echt hier hoch und wieder runter gefahren? Das hatten wir ja schon mit dem Bus schier nicht geschafft. Voll krass!" Wie wir weiter kommen werden, wollte er wissen. Die Frage ist durchaus berechtigt, denn noch sind wir hier, weil das erstens soo ein schöner Platz ist und weil wir einfach noch keinen Plan haben. Auf jeden Fall wollen wir die Strecke nicht mehr zurück, wäre doch die Steigung in die andere Richtung vermutlich nicht besser fahrbar. Die Alternative ist eine gelbe sehr enge Schlangenlinie auf der Landkarte, die sich über sehr viele Höhenlinien windet und eine Länge von geschätzten 70 Kilometer aufzuweisen scheint.

„Die nehmen wir! Alles ist besser als der Rückweg", war sich Jörg heute sicher. Ich mir nicht so. Aber immerhin besser, eine Route erst gar nicht zu kennen und einfach auf gut Glück loszufahren, als zu wissen, was auf einen zukommt. Damit das Unterfangen nicht gänzlich zum Himmelfahrtskommando werden würde, sind Verena und Hendrik heute schon mal vorausgefahren. Denn auch sie wollen über Foça nach Montenegro in den Durmitor. Die beiden haben unsere Handy-Nummern, und jetzt warten wir darauf, sie mögen grünes Licht geben.

Sicherheitshalber die Strecke heute Vormittag die ersten 15 Kilometer abgeradelt, haben wir tatsächlich festgestellt, dass die Straße erstens breit genug ist und zweitens hier fast keiner fährt. Denn diese Route führt mitten durch eine sehr dünn besiedelte Gegend zwischen Neretva und Hochgebirge.

Nach mittäglichem Badestopp am Ufer der zirka zwölf Grad kalten grünen Schönen haben wir das auffordernde Angebot der kleinen Bar „In The Middle of Nowhere" durstig angenommen.

„Kann ich euch helfen?", fragte der Wirt, nachdem er schon länger unsere eifrigen Versuche der Speisekartenauslegung beobachtet hatte. Oh ja, und wie er konnte. Und er konnte auch hervorragendes Deutsch. In Oberhausen sei er aufgewachsen. „Aber irgendwann hat es mich wieder nach Hause gezogen", sagt er und macht trotz der recht aussichtslosen Lage (sieht man einmal vom grandiosen Blick auf die Neretva ab) einen sehr zufriedenen Eindruck.

„Nein, es verirrt sich nur selten einer hier her", sagt er. „Aber ich will auch nicht reich werden. Fünfzig bis hundert Mark am Tag genügen." Mit seiner Frau lebt er hier oben in den Bergen. „Die ist grad unten in Mostar", erzählt er weiter. Und wenn heute einer kommen würde und etwas zu essen bestellen würde, könnte er zumindest den Stromausfall vorschieben, der seit zwei Stunden mal wieder alles lahm legt – nur um nichts kochen zu müssen.

„Ich kann nur Spiegeleier", gibt er schmunzelnd zu. Aber es kommt ja eh keiner.

Gut, dass wir nur ein Bier bestellen.

Die Straße, die sei gut befahrbar. „Solange die gelb ist auf der Landkarte, hat die wohl Asphalt." Sagt der Wirt, ist sich aber auch nicht ganz sicher, denn soweit kommt er hier gar nicht weg. Zumindest aber die Steigung sei seines Wissens nach geringer, als jene von Konjic hoch. Und Verkehr gibt's hier eh kaum.

So sitzen wir noch eine ganze Weile, betrachten verträumt die grüne Neretva, lauschen den unverständlichen Gesprächen zwischen Wirt und seinem einzigen Gast, was ohnehin die perfekte Symbiose abzugeben scheint und nach viel mehr auch nicht verlangt. Wir starren auf die Straße, die flimmernde Hitze über dem welligen Asphalt und sind einfach glücklich, dass sich hier kaum ein Auto her verirrt.

„Kommt keiner." Sagt Jörg nach einer Weile in fast philosophischem Tonfall. „Ja, kommt keiner." High Noon im Hochgebirge.

Und auch ich bin mir langsam sicher, dass wir zumindest den Versuch wagen sollten, den Weg über die Berge nach Foça zu nehmen. Mal gespannt, was Verena und Hendrik sagen …

Die SMS kam gerade eben. „Zirka 20 Kilometer mittendrin unbefestigte Piste, obendrein eine stark einsturzgefährdete Holzbrücke. Das packt ihr mit dem Wohnwagen niemals! Wir sind endlich im Durmitor. Viele Grüße und eine gute Weiterreise, Vreni und Hendrik."

Entsprechend groß ist die Ernüchterung und auch eine gewisse Panik ist momentan nicht zu leugnen. Wie kommen wir hier jemals wieder weg? ADAC ist Marlenes Vorschlag, was ich übrigens noch nicht mal als den schlechtesten Einfall erachte (lohnt sich diese Mitgliedschaft dann endlich!). Jörg hingegen meint, das käme ungefähr einer Kapitulation gleich und ist dafür, entweder die Strecke morgen mit dem Auto abfahren und Lage checken (hey, das geht einmal komplett über die Treskavica, also Mountain Adventure!), oder mit dem Auto die 15 Kilometer zurück und sich jede Serpentine einprägen, um im entsprechenden Moment bloß nicht stehen zu bleiben.

Peter indes, der Bataillonsführer der EUFOR-Truppe aus Sarajevo, die uns heute den ganzen Nachmittag an unserem Platz unmittelbar am See Gesellschaft geleistet und uns mit österreichischem Gösser-Bier versorgt haben, meint, man könne den Wohnwagen durchaus per Hubschrauber ausfliegen, aber 1.400 Kilo seien einfach zu schwer. Und einen größeren Hubschrauber hätten sie nicht mehr zur Verfügung, denn auch hier würde längst eingespart. Aber auch das ist wiederum eine andere Geschichte …

Jetzt bin ich erst mal gespannt, wie diese Geschichte hier ausgeht.

Einmal drüber schlafen, und viel Dampf hat sich in heiße Luft aufgelöst.

Still ruht der See ...

... bis unsere Kinder buchstälich einfallen ...

... und das spiegelglatte Wasser des Boracko Jezero zerwühlen.

Immer wieder trifft man auf Minenschilder. Solange man nur nicht drauf tritt ...

Am Oberlauf der Neretva.

Hoher Besuch von der EUFOR.

Eko selo heißt Öko-Dorf. Daran wird sich auch im „Restaurant" gehalten.

Eyes without a face

---- ⚐ ----

BORACKO JEZERO, BIH, 5. AUGUST 2016

Der Song von Billy Idol lief im Radio, als wir heute Nachmittag an der Beachbar gesessen haben, und jetzt will er mir nicht mehr aus dem Kopf gehen. Irgendwie scheint mir dieser Text mehr als passend für die zunehmende Islamisierung dieses Landes. Sagt übrigens auch Peter aus Graz vom EUFOR-Bataillon aus Sarajevo. Denn es ist eben nicht nur Jajce, wie wir längst festgestellt haben, sondern das ganze Land, in dem sich der Islam immer mehr und immer schneller ausbreitet. Was aber nicht auf die innerpolitischen Strukturen zurück zu führen ist, sondern vielmehr auf die Einflüsse von außen. Und außen heißt: Arabien. Von außen heißt auch: finanzielle Mittel. Und weil ich immer alles genau wissen will und mir Mutmaßungen und falsche Urteile nicht genügen, frage ich einfach nach.

„Nein Mama! Nicht schon wieder. Lass jetzt! Geh da nicht hin, die verstehen dich sowieso nicht!" So klingt meist Marlene, weil ihr das alles hier einfach viel zu fremd ist. Sie war übrigens auch die Erste, die bemerkt hatte, wie sehr sich die vollverschleierte Frau in Jajce echauffierte, als ich sie heimlich fotografiert hatte. „Los, renn! Die gehen sonst auf uns los!"

Auf jemanden los geht hier ganz gewiss keiner, zumindest nicht, wenn es an touristischen Hotspots ist. Und so bin ich einfach auf die Menschen auf „unserer" Badeplattform zugegangen oder vielmehr zugeschwommen und über die Leiter aus dem Wasser hochgeklettert.

„Hi! Where are you from?", fragte ich die Männer, die sich zum abendlichen Kaffee niedergelassen hatten. Von Kuwait seien sie, erklärte der Pascha, dessen eindeutiger Status schon auf den ersten Blick ersichtlich war. Er stellte mir seine beiden Söhne vor, ebenso die beiden Freunde der Söhne. (Töchter sind übrigens nie anzutreffen.) Die Frauen indes seien zu Hause, während sie selbst hier ihre Ferien verbrächten. Das vierte Jahr bereits flögen sie regelmäßig von Dubai nach Sarajevo, hätten ein Haus am Jablanicko Jezero gekauft. Umgehend wurde mir Kaffee und Schokolade angeboten und Jörg dazu gerufen. Gastfreundschaft scheint selbstverständlich zu sein, und zum ersten Mal dachte ich darüber nach, dass meine „leichte Badebekleidung" und meine tropfnasse Erscheinung in deren Augen ein ähnlicher Affront darstellen musste, wie in unseren Augen eine gesichtslose Frau in einer Burka mit lediglich zwei engen Gucklöchern. Aber irgendwie halt doch anders ...

Peter sagt auch, dass sich der Islam hier ausbreiten würde, wie ein Geschwür. Schnell und gefährlich. Das spüre man an der ganzen Stimmung im Land. Auch für den Unkundigen ist das übrigens spürbar. Zum Beispiel an den Ortschildern in den serbischen Gebieten, auf denen der lateinische Ortsname stets unkenntlich gemacht ist. Dabei ist es den Serben gar nicht zu verübeln, dass sie um ihr Land „kämpfen". Denn sie fühlen sich schlichtweg überrannt und aus ihrer Heimat vertrieben und wollen doch nichts, als das Erbe Jugoslawiens verteidigen.

Gegen diesen Zustrom ist kaum noch anzukommen. Es entstehen immer mehr Moscheen mit Geldern und Zuschüssen aus dem Nahen Osten, aus Saudi-Arabien, aus Kuwait, aus den

Emiraten. Sarajevo beispielsweise ist mittlerweile überwiegend muslimisch. Damit kaufen sich die Saudis und all die anderen regelrecht in dieses Land ein.

Auf die Frage, was denn die EUFOR in Bosnien noch zu tun hätte, gibt Peter nur ein kurzes Statement ab:

„Dia konnst no long ned allän loss'n. Denn dia derschlong sich sonst boid scho wieder."

Schuld daran seinen mitunter die politischen Verhältnisse, ergänzt er. „Do stinkt äniges gewoidig zum Hümmä." Korruption und vieles mehr, worüber keiner Bescheid weiß, was nie an die Öffentlichkeit gelangt und was man auch gar nicht wissen will. So, wie man auch nicht wissen will, wie es tatsächlich zu den Dayton-Verträgen gekommen ist.

Der Jugoslawienkrieg kümmert keinen mehr wirklich, auch das sagt er. „Denn jetzt hom mer jo an Därror. Des is der naiche Kriag." Und unter den Kriegsführern befänden sich vorneweg die Medien – Twitter, Facebook, Bild und Co auf Feldzug im Quotenkampf. Da geht es heutzutage nur noch um Klicks und um Likes, um Headlines und eben um die Quote. Und jede Bombe, die irgendwo hochgeht, kommt gerade recht. Wer der erste ist am Hotspot, der hat die Story. Und derjenige, der sie hochgehen lässt, wird auf einen Klick weltberühmt. Um es mal bitterböse und ganz krass auszudrücken.

„Wuist a Bier?", fragt er mich, drückt mir eine Dose Gösser in die Hand und versucht, von der Politik und dem Weltenlauf abzulenken. Als Antwort erhält er von mir eine Gegenfrage: „Wie verkraftet man solche Einsätze auf Dauer, und was macht das mit einem?" Denn auch im Kosovo war er zu Kriegszeiten im Einsatz. Jeweils für acht Monate, dann geht es bis zum nächsten Einsatz für vier Monate zurück nach Österreich.

„Des wuist net wiakle wüss'n", sagt er knapp, und seine Stimme wie auch seine Stimmung verändert sich unmittelbar. Wie überhaupt den acht Jungs dieses Bataillons an diesem Nachmittag am Boracko Jezero nicht anzumerken ist, dass sie eigentlich einen Tag Freizeit verbringen sollten; von Easy Going keine Spur. Das ganze schwere Geschütz gut gesichert in drei Autos verteilt, die neben unserem Wohnwagen stehen, kann keiner wirklich entspannen. Ständig sind sie in Habacht-Stellung, und ständig ist der Blick in alle Richtung gerichtet. Ob es nach solchen Einsätzen jemals wieder möglich sein wird, ins Leben zurückzufinden?

150 Pferde und ein Glücksschwein

Pluzine, MNE, 7. August 2016

Gut, dass es immer schlimmer kommen kann. Denn dann ist das vermeintlich Schlimmste gar nicht mehr so schlimm. Wie unsere gestrige Etappe durch die bosnische und später montenegrinische Bergwelt eindrücklich bewiesen hat.

Nach der Nachricht von Verena und Hendrik stand für uns also endgültig fest, dass wir den langen Weg über die Treskavica nicht nehmen würden. Als Alternative blieb die Bergetappe zurück über Konjic nach Sarajevo. Die Route „sicherheitshalber" einmal ohne Wohnwagen abgefahren und jede Ausweichbucht und sämtliche Steigungen gecheckt, waren wir immerhin zuversichtlich, dass dieses Unterfangen nicht hoffnungslos sei.

„Fahrt morgens ganz früh oder abends ganz spät", war der Rat der beiden Tramper, die wir tags zuvor mit runter ins Tal genommen haben. Dass Samstag morgens um sieben nicht mehr ganz früh sein sollte, stellten wir schnell fest. Denn es gab vor uns frühere Vögel …

Während Marlene noch schlief, hing Ida ziemlich in den Seilen. Das Gute daran, in den Seilen zu hängen, ist, dass man in diesem Fall einfach den Kopf aus der Hängematte recken muss, wenn einem zum Kotzen ist. Ida war zum Kotzen. Und das schon die ganze Nacht. Entsprechend sah es unter der Hängematte aus. Und entsprechend groß war meine Sorge, dass das

Kind ernsthaft krank sein könnte. Das Kraxelmanöver mit dem Wohnwagen über dieser Sorge beinahe vergessen, tuckerten wir also morgens um sieben am Boracko Jezero los.

Kind gut im Auto gebettet und mit einer großen Spuckschüssel ausgestattet, lief es ganz gut an. Die 150 Pferde unter der Motorhaube ackerten auf Hochtouren, während das Glücksschwein in seinem Blechdösle sein Übriges tat. Es kamen uns nur wenige Autos entgegen, und wir kamen nicht aus dem Schwung. Nichtsdestotrotz: Ich war ein Nervenbündel. Und ergo nervte ich wohl gewaltig.

„Sei endlich still!", herrschte Jörg mich an. „Du hast jetzt nur eine einzige Aufgabe, nämlich als Gewicht auf der Vorderachse zu dienen." Klar, dazu war ich mal wieder recht …

„Ich muss spucken", winselte eine verzweifelte Ida von der Rückbank. „Halt sofort an, sonst verleert sie die Schüssel im Auto", zeigte ich mich etwas überreizt. Irgendwie haben wir den Scheitelpunkt noch erreicht und auch eine Haltebucht gefunden. Die ganze Fahrerei ließ mich plötzlich ziemlich kalt.

Serpentine um Serpentine wieder bergabwärts dann ein noch größeres Dilemma, das mit dem Magen-Darm-Infekt einherging und einen unplanmäßigen Waschtag auf halber Höhe erforderte, wo eine Quelle aus dem Berg floss. Irgendwie sind wir irgendwann unten in Konjic angekommen. Ziemlich fertig, aber gar nicht so sehr wegen der Steigung und der einspurigen Straße. Wir hatten ja genügend Pferde … Und viel Glück.

Es konnte also weitergehen, nur Sarajevo wurde aufgrund des Regens als Besichtigungs-Hotspot ersatzlos gestrichen. Die Stadt mussten wir dennoch passieren, was relativ unkompliziert war, und so haben wir uns Kilometer um Kilometer dem bosnischen Grenzübergang und somit Montenegro von seinem hintersten Zipfel genähert.

Gut zu wissen, dass das „Monte" in Montenegro nicht von ungefähr kommt. Denn es herrschen in diesem Land überwiegend Berge vor. Und diese Berge lassen kein Bergsportlerauge trocken. Alle anderen heulen vor Glück über diese Naturschönheit. So fürstlich erigiert wie einsam stehen diese Berge da. Sieht man einmal vom Durmitor ab, denn da ist mächtig was los. Bis wir allerdings in diese einsamen Berge gelangen sollten, bedurfte es an Geduld. Sehr viel Geduld.

An Foça im Südosten Bosniens vorbei, waren es „eigentlich" nur noch zirka zwanzig Kilometer an der Drina entlang bis zur Grenze. Die Landschaft zeigte sich trotz des Regens von ihrer eindrucksvollsten Seite, und die Drina … ja, die Drina, die erzählt voller Anmut ihre eigenen Geschichten und kann ein Lied von Krieg und Frieden singen. Längst reingewachsen, fließt sie türkisblau dahin, als ob sie kein Wässerchen trüben könnte. Dennoch lässt sie die vielen Toten, die einst von Visegrads Brücke in den Fluss gestoßen wurden und sanft gebettet von ihrem Strom davon getragen wurden, zu Wort kommen, um sie niemals in Vergessenheit geraten zu lassen.

„Das können die doch nicht machen!", bin ich aus meinem Gedankenfluss erwacht. „Was können die nicht machen?", fragte Jörg. „Die können doch nicht so eine Straße auf der Landkarte als eine rote kennzeichnen, und jetzt hat die noch nicht mal mehr einen Fahrbahnbelag!" Doch, das können die. Sehr gut sogar. So, wie die noch viel mehr können. Oder eben nicht. Denn von Fahrbahn konnte längst nicht mehr die Rede sein. Ich wurde mal wieder leicht panisch. Zwar wurde ich das leicht, aber irgendwann fassten die Kinder den Beschluss, mir in der nächsten Apotheke Valium zu besorgen.

„Halt jetzt die Klappe und halte einfach die Kamera zum Fenster raus, um das hier zu filmen. Das glaubt uns sonst keiner", herrschte Jörg mich ab. Ach, war doch eh grad alles egal, denn ein Zurück gab es nicht. Wohin denn auch? Und ich war wenigstens beschäftigt. Solange, bis schließlich gar nichts mehr ging. Und das ging ziemlich lange. Mindestens zwei Stunden am Grenzübergang Sçepan Polje gewartet, bis wir endlich an der Reihe waren, stellten wir fest, dass die einzige Möglichkeit, nach Montenegro zu gelangen, über eine zirka drei Meter breite, recht baufällig wirkende Holzbrücke führte. Alle Mann im Einsatz, wurden wir direkt ab Zollstation irgendwie auf diese Brücke raufbugsiert. Glücklicherweise hielt sie auch, und so erreichten wir völlig entnervt und ziemlich adrenalingeladen des montenegrinische Bergland.

Wo die vielen Autos geblieben waren, die mit uns an der Grenze auf die Abfertigung warten, wusste keiner. Denn außer uns war scheinbar niemand mehr unterwegs. „Ich glaub's ja nicht, da kommt ein Wohnwagen!", zeigte sich Jörg ziemlich entgeistert. „Es gibt also noch mehr, die nicht ganz dicht sind." Die Fenster runtergekurbelt, ein großes Hallo ... Die Sprache? Egal. Es waren andere Menschen genauso unterwegs wie wir. Die beiden älteren Polen strahlten übers ganze Gesicht.

„No problem!" sagte er und zeigte mit dem Daumen nach oben. „A lot of serpentines", sagte sie und beschrieb eine verwegenen Kurvenlinie. „Good luck and good journey", wünschten wir zurück.

Bis nach Albanien würden wir es heute wohl nicht mehr schaffen, und ein weiterer Grenzübertritt kam nicht in Frage. Pluzine am Piva-Stausee sollte also unser Übernachtungsplatz werden. Eine gute Idee, eine grandiose Kulisse, ein fantastisches und unglaublich billiges Abendessen in der Konoba nebenan, ein gewaltiges Gebirgsgewitter und ein äußerst gemütlicher Film-Abend im Wohnwagen ...

Rush hour vor dem Grenzübergang von Bosnien nach Montenegro.

Breit genug? Stabil genug? Asphaltiert? Waren nur einige Fragen ...

Grün soweit das Auge reicht. Abends am Kamp Evergreen in Pluzine / Montenegro.

Filmeabend am Kamp Evergreen. Vor der Tür tobt das Gewitter.

Hi, Albania!

Shkodra, al, 8. August 2016

„Welcome back!", sagt Nico, als wir aus dem Auto steigen und auf ihn zugehen. Und dies mit einem Selbstverständnis, als ob er nur darauf gewartet hätte, dass wir endlich wieder hier aufkreuzen würden. „Everything the same", sagt er auch. Und in der Tat hat sich hier scheinbar gar nichts verändert, seitdem wir diesen Platz im vergangen Jahr verlassen haben. Die Holzstühle vor seinem Häusle stehen so da, wie „immer". Er lacht uns an, wie wir es gewohnt sind, die niederen Preise sind exakt dieselben wie letztes Jahr (worauf er ausdrücklich hinweist), der Kellner aus der Strandbar hilft uns beim Rangieren. Auch er war letztes Jahr schon da. Irgendwie ist das wie Heimkommen. Und alles ist irgendwie beim Alten. Bis auf den Müll. Dieses Problem scheint sich in der Tat ein klein wenig verringert zu haben. Und Neues scheint in Gang zu geraten.

Aber der Reihe nach …

Ich habe letzte Nacht geschlafen wie ein Stein. Weder vom Gewitter, noch vom Sturm und auch nichts vom Regen habe ich mitbekommen. Allein die Tatsache, dass mein Bett ein weiteres mal nass war, ließ mit dem weit offen stehenden Fenster den Verdacht aufkommen, dass ein Wetter über die Berge gezogen sein musste.

„Es hat geblitzt, dass hier alles taghell war", klärte mich Jörg am Morgen danach auf. „Und gedonnert hat es, dass der ganze Wohnwagen gewackelt hat." Wie man so tief schlafen kann, war mir bislang schleierhaft. Gestern konnte ich. Ich musste wohl zu erschöpft gewesen sein. Und hatte noch nicht einmal mitbekommen, wie in dieser Nacht Marlene gespuckt hat. Nicht aus der Hängematte, aber mehrmals aus der Wohnwagentür.

Entsprechend vorsichtig galt es heute morgen, ins Freie zu treten. Davor tat sich nicht nur wiedergekäutes Forellen-Chutney sowie recyceltes Kartoffel-Crumble auf, sondern vor allem Felsen- wie Wolkengebirge, während ein heftiger Sturm durch die Piva-Schlucht fegte. Es war trotz allem einfach zauberhaft schön! Und Marlenes Zustand, der schien gar nicht so unschön zu sein ...

Während der Autofahrt hat sie geschlafen, Handy-Zocke war nicht nötig und auch nach Nintendo wurde nicht verlangt. Ida auch noch etwas wackelig auf den Beinen, verlief die Fahrt von Pluzine über Nicksic und Podgorica absolut entspannt und landschaftlich überwältigend. Bis auf das letzte Stück ab Podgorica. Im Ranking der hässlichsten Städte Montenegros bereits im vergangenen Jahr auf Platz 1 gewählt, konnte uns nichts mehr schocken. Dafür schie der Regen irgendwie alles sauberer und grüner gemacht zu haben.

„Sauber!", äußerte sich Jörg analog, als ich mich mal wieder gegen das Navi entschieden hatte und partout meinen Kopf durchsetzen musste. Wir landeten mitten im Grünen. Oder im Braun-Grau-Grünen. Zunächst führte die Straße noch gerade aus, und auf dem Wegweiser war auch ausdrücklich „Carina" zu lesen. „Hier steht Tranzit, und das sagt auch das Navi", wandte Jörg ein.

„Blödsinn, ich weiß doch, was Carina heißt. Los, gerade aus, da geht's zur Grenze!", war mein „Vorschlag". Gelinde gesagt.

Wenn ich mich selbst als Beifahrerin hätte, wäre ich schon längst ausgeflippt. Denn wir landeten nicht am Zoll, sondern die Straße irgendwo im Nirgendwo. Abkuppeln oder mit dem ganzen Gespann umdrehen lautete hier die Frage. Die Antwort: „Noch einmal, und du kannst selber fahren! Wenn ich fahre, bestimme ich!" Und der Fahrer hatte, wenngleich recht holprig und mit mehrmaligem Aufsetzen, die Kurve gekriegt. Von da an hielt ich mich (zumindest für heute) an Jörgs eisernen Beifahrer-Grundsatz: Si tacuisses, philosophus mansisses.

Um kurz nach zwölf waren wir über die albanische Grenze, und eine halbe Stunde später am Lake Shkodra Holiday Resort.

Am A... der Welt. Sackgasse kurz vor der albanischen Grenze.

Gut gemeint aber noch meilenweit davon entfernt ...

Wohnwagen abstellen, SUP aufblasen ...

... in See stechen. Am Liqeni i Shkodres, Albanien.

Campingleben am Liqeni i Shkodres.

Strandleben am Liqeni i Shkodres.

Das Wasser fast zu warm zum Schwimmen ...

Die Sonnenuntergänge fast zu schön, um wahr zu sein.

Kamping mit Nebenwirkungen

KAVAJË, AL, 9. AUGUST 2016

Langsam werden wir zu echten Off-Roadlern. Zumindest dachte ich das, als ich heute Nachmittag die holprige Naturpiste mit meinem Centurion-All-Rad hochgestrampelt bin, die wir zwei Stunden zuvor mit unserem Gespann hochgeschnaubt sind. Beziehungsweise musste ich ab der Mitte schieben …

„Hätte das der Golf auch gepackt?", fragte ich Jörg. Hätte er vermutlich nicht! Denn wenn nicht am Boracko Jezero, dann wären wir spätestens hier hängen geblieben. (Aber ich glaube, ohne den Mitschuh wären wir so weit erst gar nicht gekommen.)

Nun stehen wir also hier direkt am Meer (sauschön!!!) am Kamping Pa Emer, was soviel heißt wie „Camping Ohne Namen", an einem Ort, dessen Namen wir nicht wirklich aussprechen können, wie überhaupt die Namen der meisten Orte. Und von dem Leben wir auch wenig bis gar nichts verstehen. Von daher scheint der Name gerade passend.

Namen sind ohnehin Schall und Rauch, und so haben wir uns heute Nachmittag einfach irgendwo im Nirgendwo mitten in diesem Dorf am Straßenrand auf ein paar Stühlen niedergelassen und voller Staunen dem albanischen Weltenlauf im Kleinen bei seinem Fortschreiten zugeschaut.

Jeder freute sich an uns, allseits wurde mit einem freundlichen und ebenso neugierigen „Hello!" gegrüßt. Der Schafshirte mit seinen acht Schafen ebenso wie der Junge mit seiner einzigen Kuh. Die Buben auf ihren alten Fahrrädern, die Dorfjugend mit dem Handy in der Hand, und auch der vorbeifahrende Mercedesfahrer winkte uns aus seinem Auto zu. Und eigentlich waren wir nur auf der Suche nach einem Laden ohne Namen ...

Wir sind also ein Stück weiter südwärts gezogen. Und nach erstaunlich entspannter, wenngleich längst gewohnt chaotischer Fahrt durch Tiranas Hafenstadt am Meer gelandet. Nach kurzfristiger Routenänderung haben wir beschlossen, unsere Tour anders rum anzugehen. Das Wetter hat uns gewissermaßen dazu gezwungen, beziehungsweise trauten wir dem Frieden in den Bergen und in Mazedonien noch nicht so ganz, hatte doch das Unwetter am Sonntag in Skopje 14 Todesopfer gefordert und die Gebirgsgewitterlage war immer noch nicht ganz gebannt. Also erst Meer, dann Berge, dann Ohridsee. Aber auch das steht noch in den Sternen nach den heutigen Erzählungen einer Tschechischen Motorradfahrergruppe, die sämtliche Strecken bereits abgefahren sind und uns die Straßenzustände eindrücklich beschrieben haben.

Heute morgen also haben wir uns von Nico am Shkodra-See verabschiedet, nachdem wir am gestrigen Tag (also Jörg und ich) ebenso der Malaise der Kinder erlegen sind. Um nicht zu sagen, wir haben gek... wie die R... Also einfach einen Tag lang Liegestuhl und dösen und schlafen.

In diesem dösenden Dämmerzustand trat am Nachmittag ein Mädel zu mir an mein „Krankenbett am Strand", schätzungsweise 25 Jahre alt.

„Gell, du hast den Blog geschrieben?", sagte sie überzeugt.

„Hä?", zeigte ich mich zunächst völlig konsterniert. „Woher weißt du denn von diesem Blog?", richtete ich mich langsam halb wachend, halb träumend aus meiner Liegestatt auf.

„Wir haben dein Buch mit dabei. Und einzig aus diesem Grund sind wir hier. Hi! Ich bin Elisabeth."

Wie sie von diesem Buch erfahren hätten, fragte ich. Und wie sie überhaupt darauf gestoßen seien.

„Ach, das haben wir im Buchladen bestellt, als wir darüber im Internet gelesen haben. Und jetzt sind wir von Nürnberg aus hierher gefahren."

Auf die Frage, warum sie denn so sicher gewesen wären, dass wir das sein mussten, sagte Elisabeth:

„Es waren die beiden Kinder, die uns so bekannt vorgekommen sind. Und dann war da der Wohnwagen. Der einzige hier. Mit Friedrichshafener Kennzeichen. Nur das Auto stimmte nicht."

Jetzt musste ich echt lachen und klärte sie über das neue Zugfahrzeug auf. So, wie ich sie auch darüber aufklärte, heute nicht in Bestform zu sein, da rekonvaleszent.

„Aber ihr wart doch auch letztes Jahr schon alle krank", gab Elisabeth zum Besten.

Nun gut, solche „Nebenwirkungen" bringt halt die Sache des Publishings so mit sich …

Camping ohne Namen – Kamping Pa Emer ...

... dafür mit eigener kleiner Privatinsel und einem Hauch von Südsee.

Ohne Worte.

Immer noch ohne Worte. Aber nicht mehr lange.

Albanisches Hexenblut

KAVAJË, AL, 10. AUGUST 2016

„Mjeku" heißt auf Albanisch Doktor. In diesem Fall ist einfach nichts zu erreichen mit Englisch, Italienisch, Französisch. Das wissen wir jetzt auch. Dass „Farmacj" Apotheke heißt, ist dagegen eine einfach Übung. Und deshalb haben wir uns auch für diese Lösung entschieden. Denn das nächste Krankenhaus, das übrigens einfach nur „Spitali" heißt, wäre in Tirana gewesen. Dieser Aufwand indes wäre dem Grund gemäß verhältnismäßig übertrieben gewesen.

Mein „bosnischer Fuß" war also „Corpus hinkus" unserer Suche, was bedeutete, die Verletzung an meiner Ferse, die auf einen missglückten Sprungversuch von einem Baumstamm zurückzuführen war, war dabei, sich immer weiter auszubreiten, zu entzünden und immer größere Schmerzen zu verursachen. Ich war am Humpeln, und das seit Tagen. Nur über dem 24-Stunden-Virus hatte ich das mal für kurze Zeit vergessen.

Durchaus ein Erlebnis ist übrigens das vormittägliche Fahren und Schlendern durch eine albanische Kleinstadt. Wohlgemerkt an einem ganz gewöhnlichen Wochentag. Unter dem Dorf-Rrapi, sozusagen der albanischen „Dorflinde" (Platanus orientalis) sitzen so zahllose wie zahnlose Männer und spielen. Stundenlang. Ach was, vermutlich tage-, jahrelang.

Schon immer. Schach, Domino, Back Gammon, Karten; alles, was sich dazu eignet, die Zeit zu vertreiben. Nebenbei wird Handel betrieben; altes Klumpp wartet liebevoll sortiert und ausgebreitet am Straßenrand auf neue Besitzer. Auch das vermutlich schon ein oder mehrere Leben lang. Aber diese Besitzer wollen sich partout nicht einfinden. Denn wer will schon einen Bleistiftspitzer aus Zeiten des Kommunismus kaufen samt eines stumpfen Bleistiftes, der rein optisch schon zum Aufzeichnen feindlicher Übergriffe zu Zeiten Enver Hoxhas gedient haben musste. Wo sich noch nicht einmal der Feind einfinden wollte. Aber wen kümmert's? Es wird gegrüßt, es wird gewunken, und wo wir zunächst nur aus der Ferne beobachtet wurden, rief man uns alsbald freundlich herbei. Neben dem Dorf-Rrapi scheinen grundsätzlich auch mehrere Apotheken zu grünen …

Apotheken sind also schnell gefunden, so schnell, wie Ärzte langsam oder gar nicht. Und war die Ferse des Anstoßes erst einmal eingängig beäugt, waren auch schnell probate Mittelchen, Anweisungen und Ratschläge gefunden wie getroffen. Eine Anweisung davon lautete: Fuß hochlegen und einfach mal ausruhen. Jetzt leg dich mal hin, nachdem du bereits vor zwei Tagen schon einen ganzen Tag lang gelegen hast, weil schlichtweg ausgeknockt von einem K&K-Virus. Nicht mit mir! Ich war ja schließlich nicht krank! Den Fuß also nach sprachlich absolut inkompatibler aber unglaublich bemühter und rhetorisch grandios untermalter Anweisung der Apothekerin von Jörg verarztet mit dem albanischen „Hexenblut" – Salbe und Pflaster dick drauf und drüber … Und eigentlich wollte ich nur an den einsamen Strand „ums Eck" radeln (denn laufen war ja verboten).

Und weil diese Ruhe und Einsamkeit, obendrein die phantastische Kulisse der „morschen Lehmberge" eine scheinbar magische Anziehungskraft zu haben schien, sind wir am Meer entlang immer weiter und weiter und weiter geradelt. Über Stock und Stein und über kilometerlange menschenleere Strände. Baden war natürlich obligatorisch. Der Verband würde schon halten ...

Die Kinder indes wollten alleine mit dem Fahrrad ins Dorf zum „Einkehren". Weil es dort Eis gab. Zumindest gestern. Heute gab es kein Eis mehr, also haben die beiden beschlossen, in der Straßenbar eine Cola zu trinken. Und da mir nicht ganz geheuer war, dass die beiden mutterseelenallein über staubige Schotterpisten kreuz und quer durch das rurale Albanien radelten, wollte ich zurück, um nach dem Rechten zu sehen. Wären die „lehmigen Berge" nicht so verlockend gewesen. Irgendwo am Strand sind wir auf einen einsamen österreichischen Offroadler aus Gmunden getroffen. Und nur mal so am Rande: Wenn wir das, was wir bis jetzt erlebt haben, bereits als Abenteuer bezeichnen, dann muss vermutlich für das, was der uns erzählt hat, erst noch ein Wort gefunden werden.

„Wenn der da runter gekommen ist, dann kommen wir da auch irgendwie hoch", zeigte sich Jörg zuversichtlich, und ich war, trotz meiner Abneigung gegen die modernen Navigationsmöglichkeiten, ein klein bissle froh, GPS-Daten auf dem Handy zu haben. In Sandalen, in Badehose und Bikini, mit lehmig-klitschigen Füßen haben wir also zu dieser unplanmäßigen Bergetappe angesetzt. Grandiose Aussichten, schweißtreibende Steigungen, völlig falsches „Material", Wildnis, Wildnis, Wildnis ... Und wir wollten doch eigentlich nur an den Strand ...

Der Fuß schmerzt heute Abend gewaltig (wen wundert's); Jörg hat ihn neu verarztet, das albanische „Hexenblut" wird hoffentlich helfen; morgen brechen wir auf zu einer weiteren

Etappe an's Ionische Meer. Mehr Worte will ich darüber noch gar nicht verlieren, bin eher ganz kleinlaut, wenn ich an diese gewagte Mission denke. Und wer weiß, ob wir sechs, ergo wir vier, der Mitschuh und der Wohnwagen diesem Trip überhaupt gewachsen sind. Das Glücksschwein ist gesattelt und für unser „Abenteuer" werden wir schon noch ein neues Wort finden.

Strandwanderung einmal anders.

Bergwanderung auch.

Shën Dyshek Kashte

LIVADH, AL, 12. AUGUST 2016

„Shën" heißt auf albanisch heilig, und die ganze Litanei aller mir bekannten Heiligen habe ich gestern zitiert und flehentlich um deren Hilfe gebeten. Der meist gerufene unter meinen Heiligen war „Shën Dyshek Kashte", auch als „Heiliger Strohsack!" bekannt. Mein heimlicher Lieblingsheiliger aber war ganz klar „Shën Christophoro", der Heilige Christophorus. Denn mit jedem Höhenmeter, den wir zurückgelegt haben, wurde der Wohnwagen schwerer und schwerer, und der Mitschuh ist ganz schön in die Knie gegangen. Bis er eben (beinah) nicht mehr konnte …

Als morgens um sieben die Welt noch in Ordnung war und wir damit begonnen hatten, unseren ganzen Kruscht und Krempel wieder reisefest zu machen, wussten wir zwar, dass es diese Etappe in sich haben würde, aber wir wussten nicht, wie sehr. Zugegeben, es war dies die Königsdisziplin im Wohnwagenreisen – wenn da mal nicht noch die kaiserliche Variante folgen wird …

180 Kilometer schienen zunächst nichts Außergewöhnliches an sich zu haben. Eigentlich ein Klacks bei unserem gewohnten Reiseverhalten. Drei, vier Stunden, den Straßenzuständen zufolge nochmals eine Stunde Zugabe eingeräumt.

„Albanien ist so ein kleines Land, da kommt man locker in zwei Tagen durch", sagte ich tags zuvor noch launig zu Jörg. Das sagt aber nur derjenige, der dieses Land lediglich auf der Landkarte abgefahren ist. Teilstücke indes immerhin auf Google Earth. In Echt ist das nur dummerweise (oder zum Glück!) anders.

Folgt man Tourismus-Studien und -Umfragen, „erkundet" die Mehrzahl der potentiellen Gäste eine Urlaubsdestination zunächst aus der Luft, sprich: auf Google Earth. Verbringt der „Gast" zu viel Zeit in diesem „Holiday-Cyberspace", erliegt er der Illusion, diesen Ort bereits bereist zu haben. Und hakt ihn ab unter der Kategorie: „Gesehen und erlebt".

Auch mir passiert das. Zwangsläufig. Aber weder der Llogara-Pass noch der ganze albanische Süden ist topografisch noch geografisch eruierbar. Straßenverläufe auf der Karte lassen sich zwar „nachvollziehen", aber niemals wirklich nachvollführen. Zumindest nicht für ein Wohnwagengespann. Und so sind wir also fern jeglichen touristischen „Sachverstands" losgezogen, um das Serpentinenfahren zu lehren.

Es fing harmlos, oder vielmehr sehr zäh an …

Nach Fier, was zumindest als verkehrsstrategisches Vorzimmer zum Fegefeuer gelten konnte, erreichte mit dem zähen Lavastrom erhitzter albanischer Karossen der Verkehrsfluss die wahre Wirkungsstätte des trafik-terministischen albanischen Beelzebubs: Vlora. Gut, ich hab's geschwollen formuliert, Wolfgang Petri würde populistisch grölen: Hölle! Hölle! Hölle!

So was habe ich echt noch nie erlebt! Chaos ist gelinde ausgedrückt, aber alles floss. Was mitunter den unzähligen Verkehrsreglern und Polizisten geschuldet und gedankt sein musste. Erstaunlich, wie es das konnte. Dreispurig, vierspurig, dann instantan wieder einspurig; durch Baustellen, innerstädtisches Gewusel, Engpässe, Kreisverkehre … Hupen, pfeifen, winken, fuchteln … Es war ein Wirrwarr sondersgleichen.

„Tsss, du warst noch nie in Indien", war einzig Jörgs schmunzelnder Kommentar.

„Wie denn auch? Mit dem Wohnwagen!", konterte ich.

Aber eigentlich war es nicht zum Lachen, sondern einfach zum Luftanhalten. Nicht nur der Enge wegen, sondern auch des Gestankes.

Noch ein ganzes Stück am Meer entlang, dann endlich hinauf ins Gebirge, das sich unmittelbar vor uns gewaltig auftürmte. „Heiliger Strohsack! Da müssen wir irgendwie hoch und auf der anderen Seite wieder runter", sagte ich mehr zu mir selbst. Meine Nerven lagen ohnehin schon blank, ich befürchtete allerdings, dass diese Etappe nicht unbedingt zu meiner Entspannung beitragen würde. Und wie recht ich doch haben sollte …

Der Anstieg zum Llogara-Pass lief zunächst gut an, die Steigung war machbar, die Straße breit genug. Abenteuerlich schraubten sich die Serpentinen nach oben. Jetzt bloß nicht aus dem Schwung kommen … Bis ein LKW im Schneckentempo vor uns her kroch und uns ausbremste. Der Rest lässt sich bildlich ausmalen, und ich will auch gar nicht weiter ausführen, wie's dann weiter ging. Eben gar nicht mehr!

Komischerweise – und wenn ich auch sonst unglaublich nervig sein kann – in echten Krisensituationen bewahre ich einen erstaunlich kühlen Kopf. Also raus aus dem Auto, das in einer engen Kurve am Berg hing und nicht mehr von der Stelle kam (zumindest nicht nach oben), den Verkehr von unten aufgehalten, die oberen durchgewunken, dann oben „abgesperrt", die unteren vorbeigewunken, dann auch unten „abgesperrt", und Jörg konnte mit dem ganzen Gespann ein weites Stück zurückrollen und großzügig ausholen, um nochmals Anlauf zu nehmen. Und siehe da ... es klappte! Ich hab mich schließlich zu einer albanischen Familie ins Auto gezwängt (albanische Autos sind grundsätzlich mit zu vielen Personen „bemannt") und Anweisungen erteilt, es gelte nun den Wohnwagen zu verfolgen, der nicht mehr anhalten könne, bevor nicht die Passhöhe erreicht sei.

Puh! Rauf ging ja noch ... Aber runter! Noch nie habe ich die Wohnwagenbremse so winseln gehört, und mich selbst so jammern. Ich war ziemlich am Ende. Da konnte die atemberaubende Aussicht auf's Ionische Meer auch nichts mehr ausrichten. Über Berg und Tal sind wir weiter der Küste entlang gejuckelt, stets mit der bangen Frage: Packt auch diese Steigung der Mitschuh noch? Und zum ersten Mal haben wir tatsächlich an Kapitulation gedacht.

„Glaubst Du, wir sollten zurück die Fähre von Igoumenitsa nehmen?", fragte ich Jörg. Zumindest zog auch er diese Überlegung zum ersten Mal in Betracht. Aber nur für einen ganz kurzen Moment im Zustand seiner sichtbaren Erschöpfung.

„Etzt losst erst amoi dös Bier sock'n, dann sicht die Woid scho wieda onders aus", meinte der Österreicher, den wir vor zwei Tagen schon am Kamping Ohne Namen getroffen hatten, als wir endlich am Camping namens „Kranea" am Livadh Beach angekommen sind.

Nicht nur das Bier, sondern dieser Platz und diese Landschaft entschädigen für alles und lassen jede Anstrengung sofort vergessen ...

Um mich meinem lieben Kollegen Holger anzuschließen, die Albanische Riviera spiele im Ranking der sehenswertesten Reiseziele ganz weit vorne in den Top-Ten, kann ich nur sagen: Stimmt unbestritten! Aber: Ey Läudde! Schmeißt einfach das Zelt in den Kofferraum und lasst um Gottes Willen den Wohnwagen daheim! Es sei denn, ihr seid verrückt oder so campingfanatisch wie wir; mit Kind und Kegel unterwegs, Surfbretter und Kiteschirme im Gepäck, die Fahrräder auf dem Dach, beziehungsweise auf der Deichsel. Und es sei denn, ihr möchtet ein Stück Heimat mit in die Fremde nehmen oder aber einfach oben auf dem Llogara-Pass angekommen einmal ganz laut „Yes, we can!" rufen.

Und wenn es denn so sei, dass ihr das Abenteuer genauso liebt wie wir, dann fahrt in Gottes Namen mit dem Caravan los! Das wird schon! Es braucht Zeit, Geduld, Langmut, viel Zuversicht, eine Hochdosis Glück und Nerven ohne Ende. Aber es wird. So gut, dass auch euch der „Shën Dyshek Kashte" überall hin begleiten wird. Und wenn es nur aus jenem Grund ist, dass dieses Abenteuer endlich einen Namen bekommt.

Yes, we can! Der Llogara-Pass ist bezwungen!

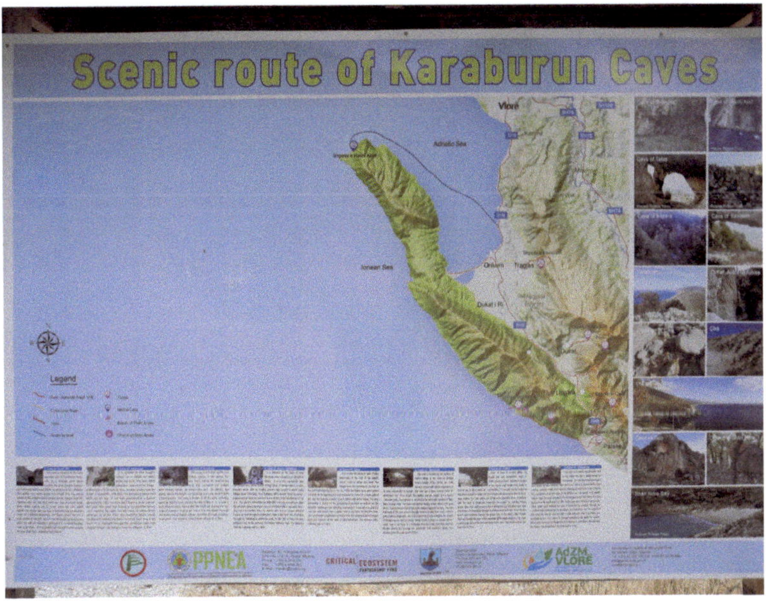

Kein Navi wollte diese Route nehmen. Also half nur die klassische Karte.

Zweifelhaftes Vorhaben erfolgreich gemeistert. Jetzt nur noch runter kommen ...

Das beste Bier der Welt nach der schlimmsten Fahrt in unserer Wohnwagen-Geschichte.

Sprung vor Glück!

Vergessen sind am nächsten Morgen alle Strapazen ...

... denn die Landschaft als auch das Meer entschädigen für alles.

Livadh-Beach am Camping Kranea.

Kleine Bunkerkunde

Livadh, AL, 14. August 2016

Ein paranoider Diktator, vier anektierte russische U-Boote, siebenhundertfünfzigtausend kleine und mittelgroße sowie ein riesiger U-Boot-Bunker. Alle davon freilich konnten wir in den letzten zwei Tagen nicht zu Gesicht bekommen; den einen nicht, weil der seit 1984 tot ist, die hunderttausend nicht, weil die gegen Ende des kommunistischen Regimes unter Enver Hoxha nicht mehr fertiggestellt wurden. Aber unmittelbar vor dem Eingang des größten und schauderhaftesten sind wir gestern gestanden; und unzählige putzige kleine haben wir heute beäugt, besessen und belagert.

Die Albaner nennen sie liebevoll „Bunkeri", und längst wird sich auch der letzte zur Sentimentalität neigende Retro-Kommunist, der noch einen winzigen Funken Sympathie für den gescheiterten Arbeiter- und Bauernstaat versprühte, mit der im Keim erstickten Tatsache abgefunden haben, dass diese kleinen Pilzköpfe in der Landschaft zu nichts anderem mehr dienen, als dem Land irgendwie ein pickeliges Gesicht zu verleihen. Aber ach was – sie hatten noch nie zu etwas anderem gedient. Denn der Feind, vor dem man sich fürchtete, kam einfach nicht. Vielmehr war man erst mal gut Freund. Zunächst mit der UdSSR, dann mit China … bis das „Spiel" eben kippte und man nicht mehr miteinander „spielen" und partizipieren wollte. Und Albanien in völliger Isolation und einer Art Steinzeitkommunismus gestrandet ist und wirtschaftlich am Abgrund stand.

In Zeiten der Freundschaft indes baute das kommunistische Regime mit Hilfe der Russen Porto Palermo zu einem geheimen U-Boot-Hafen aus. Bis eben der Freund zum vermeintlichen Feind wurde, dem noch schnell vier U-Boot geklaut und sicher im neuen Bunker verwahrt wurden …

Wir haben uns also gestern und heute mit der albanischen Vergangenheit beschäftigt. Zunächst war diese Vergangenheit weit, weit zurückliegend. Nämlich in der Zeit der schillerndsten aller albanischen Herrscherfiguren: Ali Pascha und seine Burg in Porto Palermo. In selbigem „Porto", der seit der Belagerung der Italiener im 2. Weltkrieg diesen Namen trägt und einen so gewaltigen wie tiefen Naturhafen in einer geschützten Bucht darstellt, entstand in den 1970er Jahren dieser geheime U-Boot-Bunker. Ein 650 Meter tief in den meerseitigen Berg gesprengter Schlund sollte Platz bieten für diese vier U-Boote, die somit unbehelligt verschwinden konnten. Das ganze Gelände ringsum war bis 1997 weitläufig als militärisches Sperrgebiet ausgewiesen. Die „Straße", führte im großen Bogen über die Berge, die umliegenden Gebirgshänge waren und sind immer noch von zahllosen kleinen „Pickelchen" übersät. Mal global betrachtet.

Wie es heute innerhalb dieses Höllenschlundes aussieht, darüber lässt sich rein gar nichts erfahren (auch nicht im Internet), und scheinbar wird das auch immer noch geheim gehalten.

„Wir könnten eigentlich unten rein tauchen", war Jörgs Vorschlag, als wir direkt vor dem martialischen Portal standen. Wieso wir da überhaupt standen, mag sich Mancher fragen; und wir uns im Nachhinein auch.

„Komm, wir klettern da runter, da kommt man irgendwie hin", forderte ich zu dieser Expedition auf, als wir von oben auf den fast menschenleeren Strand blickten.

„Warum hat's hier keine Touristen? Das ist ja doch ein ziemliches Spektakel", warf ich die verwunderte Frage auf. Am Strand unten lagerten ein paar Männer, wie Statisten vor dieser Kulisse musterten sie uns recht interessiert, als wir schnurstracks losmarschierten, bis wir vor dem gewaltigen Gate standen, vor dem zwei Boote der Albanischen Navy „parkten". Alles in allem war die Atmosphäre so schaurig-gruselig wie faszinierend-fesselnd zugleich.

„Ui, schau mal, hier ist Fotografieren strengstens verboten", entdeckte Jörg eine Tafel (nachdem die Speicherkarte schon am Dampfen war).

„Pfffff, das haben wir einfach nicht gesehen ..." Klick, klick, klick ...

Auf dem Rückweg kamen uns zwei dieser „Beachboys" entgegen, die sich recht schnell als zum Albanischen Militär zugehörig erwiesen und uns überaus freundlich darauf aufmerksam machten, dass dies hier eine Militär-Basis sei. Wir würden uns sofort vom Acker machen, sagte ich erschrocken.

„Oh, it's not a problem, don't hurry", hielten sie uns von einem übereilten Aufbruch ab. Deshalb also keine Menschen, die diesen Ort besichtigen wollten.

Heute gingen wir die Bunker-Erkundung etwas gezielter an, vor allem aber im Kleineren. Um nicht zu sagen, im ganz Kleinen. Der Bunker des kleinen Mannes misst gerade mal eine Höhe von 1,80 Meter und sieht im Gelände aus wie ein abgelegter Schildkrötenpanzer. Das Standard-Modell, behauptet

Jörg, sei der schlichte Ein-Mann-Bunker. Reihenweise liegen diese „Schildkröten" in der Landschaft herum, und waren doch einfach nur für die Katz. Vornehmlich exponierte Gebirgshänge gelten als „Lebensraum" dieser Spezies an Kriechtieren; aber auch direkt am Meer, am Strand, in der Stadt, einfach überall sind diese Betonmonster zu finden. Wir suchten sie heute in den Bergen. Und dieser Weg führte uns über die alte „Umgehungsstraße" hinter Porto Palermo mitten in die albanische Gebirgswelt.

Grundsätzlich wandert der Albaner nicht, noch nicht einmal gibt es im albanischen Wortschatz einen Ausdruck dafür. Wir mussten tatsächlich ein merkwürdiges Bild abgegeben haben, als wir nach sehr abenteuerlicher Fahrt über Stock in Stein in dem klitzekleinen Bergdorf am Dorfplatz unser Auto abgestellt haben. Die Männer um den Dorf-Rrapi grüßten uns neugierig, freuten sich, dass wir den Weg hier hochgefunden haben.

Ob uns ihr Dorf denn gefiele, fragten sie interessiert, und waren sichtlich glücklich darüber, dass wir ihrem Anger, den sie gerade im Begriff waren, zu pflastern, unsere Ehre erwiesen. Rucksackbewehrt und mit schwerem Schuhwerk wanderten wir los über eine zauberhafte Hochebene voll archaischer Anmut. Schafherden, wilde Macchia, Salbei, Eisenkraut, ausgedehnte Farnwälder, Kork- und Steineichen, Olivenhaine, Ackerflächen, immer wieder tief ins Erdreich gemauerte Zisternen, die von einer jahrhundertealten Kulturlandschaft zeugten. Und dazwischen Bunker, Bunker und nochmals Bunker. Als ob sie über die Jahrhunderte der Siedlungsgeschichte einfach so mitgewachsen wären.

Den obersten mit der schönsten Aussicht weit über Korfu hinaus auf all die kleinen griechischen Insel-Trabanten wählten wir aus, um unser Lager aufzuschlagen – und damit eine neue Seite in unserem Lehrbuch über dieses Land, das mit einer landschaftlichen Schönheit aufwartet, wie wir sie noch nie gesehen haben, uns mit einer Geschichte und Kultur konfrontiert, die uns bislang völlig verschlossen war und von Menschen bewohnt ist, die unvoreingenommen jeden mit „Miresevini!" begrüßen. „Herzlich willkommen!"

Ali Pascha Tepelena – die schillerndste aller albanischen Figuren – und seine Burg.

Menschenleerer Strand vor unheimlichem Höllenschlund: U-Boot-Bunker in Porto Palermo.

Kurze Badepause ...

... bevor wir aufbrachen, um dem Bunker auf den Zahn zu fühlen.

Von der Albanian Navy „bewacht": Der Eingang des U-Boot-Bunkers.

Die kleinen „Bunkeri" könnte man schon fast als possierlich bezeichnen.

Spannende Ausblicke ...

... und interessante Einblicke gewähren die zahllosen Bunker in der Landschaft.

Nicht ein einziger Bunker wurde jemals als Kriegsposten bezogen ...

... dafür heute umso mehr als Abenteuerspielplatz.

Wandern in Albanien hat noch nicht mal einen Namen.

Wie Schildkrötenpanzer liegen die Bunker übers ganze Land verteilt ...

... und fügen sich harmonisch ins Bergpanorama.

Picknick am Bunker. Bei Schlechtwetter auch im Bunker.

Für vieles gut. Nur nicht für Krieg.

Alter Baum – neues Pflaster. Der Dorf-Rrapi ist Treffpunkt für Jung und Alt.

Der kleine Puck

———— ※ ————

LIVADH, AL, 15. AUGUST 2016

Was dem Albaner fehlt, sind nicht allein vernünftige Straßen, auch ist das Defizit nicht mit ein paar mangelnden Verkehrsregularien zu benennen. Weder gilt die Infrastruktur als schwerwiegendes Manko noch das vermeintlich zum Verbrecherischen neigende Klischee. Alles Fehlanzeige! Nein, es sind die Worte, die fehlen. Und das, obwohl diese Sprache mehr als blumig daherkommt und onomatopoetisch von recht leicht verständlichem Klang ist. Da heißt etwa „Autowäsche" einfach „Lavazh" (wobei das „zh" als „sch" ausgesprochen wird, unser Auto aber leider immer noch davor „verzhont" blieb), „Plage" (also Strand) heißt „Plazh" und „Dusche" heißt „Duzh". Für manchen Ausdruck und manche Eigenschaft indes wurde bislang noch kein Wort gefunden. Wie eben auch für „Wandern". Heute aber waren wir beim Schnorcheln. Also beim „Wasser-Wandern" von Höhle zu Höhle.

Was diesen „Wasser-Wanderweg" ausmacht, ist nicht nur seine badewannenwarme Temperatur, sondern vor allem seine Farbe. Eine Wasserfarbe, die ich nie zuvor in dieser Brillanz und Klarheit gesehen habe. Und auch nicht in so vielen changierenden Farbtönen. Würde mich jemand nach einer Beschreibung für dieses Blau fragen, würde ich zunächst die Schultern zucken, wie sie auch Jörg gezuckt hat.

„Vermutlich ist es der Himmel", mutmaßt der Physiker ins Blaue hinein. Denn der Himmel würde sich bekanntlich im Wasser spiegeln. Wer hätt's gedacht …?

„Aber der Himmel ist anderswo auch so blau und spiegelt sich", sage ich.

„Dann ist es halt die Klarheit des Wassers", ergänzt er.

„Klar ist Wasser eigentlich immer", kontere ich besserwisserisch.

„Dann ist es eben der Grund, der das Licht reflektiert", gibt er zurück, langsam entnervt. Schließlich hat er Ferien, und damit hat das Wasser einfach gefälligst nur blau zu sein!

So habe ich die Frage nach dem Grund des blauen Wassers irgendwann aufgegeben und mir insgeheim eigene Wörter dafür überlegt.

„Glestscherspalten-Blau" am Rand, bevor's tief wird. Mit einem Anflug von „Eisguetzle-Blau". In etwa ein luzides 60-Cyan-15-Yellow-Blau. Schwimmt man weiter hinaus, verändert das Blau seine prozentualen Farbanteile, nimmt langsam an Tiefe und Sättigung zu. Heraus kommt dabei zunächst ein konzentriertes Spülmaschinen-Klarspüler-Blau, das – immer grundloser werdend – sich ins dunkle, durchsichtige WC-Reiniger-Domestos-Blau verwandelt. Bis es sich schließlich in ein Tintenpatronen-im-Wasserglas-Blau ergießt. Jetzt nenn dieses Blau mal beim Namen! Mir fällt keiner ein!

Der Plazh, an dem wir heute waren zumindest hatte einen: Gijepe-Plazh. Paradies ist nur ein anderes Wort für diesen Ort, um einmal so richtig Blau zu machen. Aber es gibt vermutlich noch tausende weitere. Und bestimmt werden jeden Tag neue Worte für diesen Strand geschöpft.

Was dem Albaner nicht fehlt, sind freundliche Worte, denn davon hat er mehr als genug übrig. Und Hände hat er, die grüßen und die unseren schütteln. Eine Geste ist ihm eigen, die zum Bleiben auffordert, und eine Mimik ist ihm ins Gesicht geschrieben, die unmittelbare Resonanz erzeugt.

Wir sind also im Fluß mit dem hiesigen Leben.
„Langsam gewöhnt man sich an alles", sinniert Jörg.
Und ja, wir gewöhnen uns an sämtliche Zustände. An die Aggregatzustände des Kühlschranks ebenso wie an die Verkehrszustände mittags um zwölf. An die Müllzustände um's Eck wie an die Straßenzustände der „Nebenstrecken". An die Gastfreundschaft so sehr wie an das Hierbleiben-Wollen. Auch an den schlechten Wein sowie an das gute Bier. An das einfache aber fantastische Essen zwar auch, wenngleich die unglaublich günstigen Preise niemals zur Gewohnheit werden. An die atemberaubenden Ausblicke auf's Meer und die sich unmittelbar dahinter auftürmenden Berge; vor allem aber an dieses unbeschreiblich gelassene Easy-breasy-chilly-willy.

Was uns aber im Vergleich zum Mercedes-motorisierten Albaner fehlt, ist das locker-flockige Über-den-Berg-Kommen, ergo ein leichterer Wohnwagen. Und das wurde uns in den letzten paar Tagen erst klar. Den Ohridsee werden wir dieses Jahr wohl nicht mehr schaffen, was zwar auf der einen Seite daran liegen mag, dass wir hier an diesem paradiesischen Ort zu viel Zeit „vertrödelt" haben, auf der anderen Seite aber ganz klar in die Kategorie „fehlender Mut hinsichtlich einer (zu) anspruchsvollen Bergetappe über eine unbefestigte Piste und zu erwartender „überhöhter" Steigung" einzuordnen ist. Mit unserem „Hobby" stoßen wir hier einfach an unsere Grenzen. Auch wenn der Mitschuh sein Bestes gibt und morgen vor eine weitere Herausforderung gestellt wird.

Sämtliche Allradler mit Anhängerkupplung auf dem Campingplatz sind über unser Overload-Dilemma informiert; Handy-Nummern sind ausgetauscht, und der Potsdamer Landi-Fahrer meint: „Det is eene meener leichtesten Übungen und nich der erste Wohnwagen, den ick irjendwo hochjezogen hätte. Ick rechne morjn ab acht Uhr mit euch!" Und wir können getrost mit ihm rechnen.

Plan P lautet also für die nächste Reise: „Eriba Puck" als Zweit-Wohnwagen. Denn den „Hobby" werden wir gewiss niemals aus unseren Händen geben, nachdem, was der alles mit uns mitgemacht hat, und sofern wir ihn je wieder sicher nach Hause bringen. Also muss ein Balkanien-Sommerwohnwagen her. Dieser Klassiker von Hymer ist klitzeklein, wiegt „fast nix", hat wenig Innenleben, aber immerhin Küche und Bett. Und die Kinder schlafen ohnehin jede Nacht im Freien. Längst haben wir festgestellt, dass man zum Glück gar nicht so viel Ballast benötigt.

Mit was die Kinder aber für die nächste Reise rechnen und auch sämtliche Bedingung daran knüpfen, um mit „diesen grauenhaften Eltern" ein weiteres Mal nach Albanien zu reisen, ist ein Hund als treuer Weggefährte. Längst sind sie auf der Suche nach einem Namen für das neue Familienmitglied. Ich weiß noch nicht recht ... Aber wie wär's mit: „Der kleine Puck"?

Fußmarsch zum Gijepe-Plazh.

Variation von Blau I

Variation von Blau II

Easy Going unter Farnwedeln. Am Gijepe-Plazh.

Fahr- und Geschichtsstunden

KSAMIL, AL, 17. AUGUST 2016

„Können wir das schaffen?" „Jou! Wir schaffen das!" Wie Baumeister Bob im Comic, klingen Tag für Tag Jörg und die Kinder, wenn es darum geht, Engstellen durch- und steile Berge hochzufahren. Während ich stetig dazwischen rufe: „Das reicht nicht!" und „Wir kommen da niemals hoch!" Bislang kamen wir durch und hoch und auch wieder runter und haben es also tatsächlich geschafft! Auch wenn dieser „Baumeister" einst ein recht exzentrischer Typ gewesen sein musste. Was hat der Kerl sich hier doch alles einfallen lassen? Stein auf Stein hat er geschichtet, Brocken auf Brocken gehievt, und wo das göttliche Werk noch nicht zur vollsten Zufriedenheit vollbracht war, haben die Menschen einfach nachgeholfen. Nur die Straßen, die wurden dabei nicht so recht berücksichtigt und ziemlich schluderig in dieses Landschaftszenario gesetzt.

Nach gut zweiwöchiger Reise sind wir trotz aller Unwägbarkeiten auf diesem abenteuerlichen Trip quer über Balkanien tatsächlich im südlichsten Zipfel Albaniens an der griechischen Grenze angekommen. In Butrint. Nicht immer führte diese Reise auf geplanter Route, und das wird sie auch weiterhin nicht tun. Und nicht immer haben wir daran geglaubt, überhaupt jemals hier anzukommen. Jetzt ist der Scheitelpunkt erreicht, und ab morgen begeben wir uns somit auf die Heimreise.

Auch diese Route wird uns nicht unsere geplanten Wege entlang führen, und das ist das Schöne an dieser Art zu reisen. Vielen Menschen sind wir bislang begegnet, viele Hände haben wir geschüttelt, Gastfreundschaft genossen, Freundlichkeit erfahren und jede Menge Tipps bekommen. Von Einheimischen sowie von anderen verrückten „Mitreisenden".

Nach der gestrigen Etappe und der frühmorgendlich gemeisterten Hürde vom Camping Kranea die steilen Serpentinen hoch, zunächst gemütlich die Albanische Riviera entlang, beziehungsweise auf und ab getuckert, wollten wir auf halber Strecke den Wohnwagen sowie den Mitschuh einmal in den Genuss einer ordentlichen Lavazh kommen lassen. Denn erstens sahen beide aus wie Sau und zweitens hatte das Gespann eine gründliche Wäsche mehr als verdient.

Während der Wohni von Hand schamponiert, geschrubbt und gefeudelt wurde, sahen wir bei Kaffee und Frühstück dem morgendlichen Dorf-Geschehen zu. Da schaute der Esel mal an der Kaffeetafel vorbei und blickte neugierig drein, dann linste die Kuh um's Eck, während die Ziegen immer wieder die Straße kreuzten. Dazwischen Kinder, Hühner, Männer unterm Dorf-Rrapi, Mercedesse, Milchlaster, sprich schwer beladene Pferdefuhrwerke. Bis das Wasser versiegt ist. Dem Auto-, ergo Wohnwagenwäscher tat das schrecklich leid, aber es kam schlichtweg kein einziger Tropfen mehr aus seinem Gartenschlauch. Für den Hobby hat's gereicht, und er polierte noch lange an den Fenstern rum; der Mitschuh hingegen ist immer noch mit der Patina des gesamten Balkans überzogen. Ich glaube, man nennt das Vintage-Look.

Am frühen Nachmittag sind wir schließlich in Ksamil angekommen. Linda und Alexander haben uns nach meinem Anruf bereits erwartet, und wir konnten unseren Wohnwagen zu fünf weiteren Wohnmobilen in ihrem Garten abstellen. Was die beiden aus diesem Gärtchen auf steinigem, trockenem Boden unter der unbarmherzigen Sonne gemacht haben, ist zauberhaft. Da wachsen Sonnenblumen und blühen Rosen, und unter schattenspendenden Weintraubenpergolen lässt sich's gut aushalten. Auch ist es rührend, wie sehr sie um ihre Gäste bemüht sind, stets bewirten sie und kümmern sich den ganzen Tag.

„Den Wohnwagen stellen wir nachher gemeinsam auf, erst gibt's Eiscafé und Milchshake", lud Alexander uns ein und zeigte uns den Platz, den er für uns vorgesehen hatte. Platz hat's hier zwar kaum, aber da ihr Wohnhaus nur aus Erdgeschoss besteht und immer noch ein Dach fehlt, und weil das in Albanien so üblich ist, immer wieder mal – wenn etwas Geld übrig ist – ein zusätzliches Geschoss auf's Haus zu setzen, bietet das üppig mit Teppichen (es regnet hier ja nie!) ausgelegte „Oberdeck" weiteren Platz für kleine und größere Zelte. Einem bunten und quirligen Lagerleben sozusagen „upside-down" gleicht das hier, wenngleich der Ort selbst sich von einer dermaßen „bunten" Seite präsentiert, dass uns der hiesige Sommerferien-Trubel der Albaner doch etwas zu turbulent ist und wir morgen weiter ziehen wollen.

Heute aber zu früher Morgenstunde haben wir das sechs Kilometer entfernte Butrint besucht. Ein magischer Ort – dieses antike Buthronum. Solange man noch fast alleine ist. Sobald aber all die Italiener, die Griechen und sämtliche Urlaubsgäste vom nahen Korfu die antiken Stadtmauern stürmen, ist's schnell vorbei mit der Ruhe. Da kann es durchaus passieren, dass am Parkplatz die heißblütigen Italienerinnen sich im Wrestling mit den kaltschnäuzigen Griechinnen üben. Wir befanden uns also schon im Aufbruch, als sich hier der große Einbruch ereignete. Und wir das muntere Treiben und Schieben der Karossen mit Schmunzeln beobachteten. Nix wie weg hier!

Mit der kleinen Holzfähre, die eigentlich gar keine Fähre ist, sondern ein baufälliges Floß an Seilen, haben wir so schnell es eben ging in diesem Seilwinden-Tempo, das Weite, oder das nahe andere Ufer gesucht und glücklich angelandet einmal die Lagune von Butrint umrundet.

Sobald man sich von den touristischen Hotspots beziehungsweise von den Stränden entfernt, an denen der Mercedes des Albaners nicht parken kann, ist man allein auf weiter Flur. Und diese Fluren sind ganz schön weit. Schafe über Schafe, Kühe auf ihren Weidegründen, Macchia durchstreifende Ziegenherden. Und keine Menschenseele, die dieses zauberhafte Bild über die Lagune von Butrint und die umliegenden Berge stören könnte. „Et in arcadia ego", wusste schon Goethe schmachtend zu stöhnen, und auch der Romantiker Claude Lorrain hatte seine dahingepinselten Schäferidyllen gleichermaßen schwülstig tituliert. Auch in Arkadien waren wir. Wenngleich dieses Arkadien weitaus heißer und trockener daher kommt. Da ist nichts mit lieblichen Auenwäldern, kein grünes Gras, kein kühler Schatten; da herrscht Dürre, und die unerbittliche Sonne hat hier das sommerlange Sagen.

Es ist dies ein erstaunliches Land. Von einer landschaftlichen Schönheit gezeichnet, die nicht mit „lieblich" zu umschreiben ist. Eine Landschaft, die schier den Atem nimmt, oftmals aber auch der Hitze wegen. Eine Landschaft, die sich hinter jeder Kehre verändert. Und Kurven und Kehren gibt es hier buchstäblich zu Hauf. Eine Landschaft, vor deren Kulisse man ständig „Oh" und „Ui" und „Hach" und „Boah!" rufen möchte. Es ist dies auch ein Land, das mit einer Geschichte aufwartet, die weit, ganz weit in die Vergangenheit reicht und von guten, geradezu paradiesischen Zeiten kündet. Aber auch und gerade die schlechten Zeiten machen die Geschichte dieses Landes aus.

Und diese Geschichte(n) macht die Menschen aus. Wo Wahrheit und Wahrscheinlichkeit sich treffen, entstehen Mythen. Butrint etwa ist so ein Mythos. Und dieser Mythos wird hier bewahrt. Hingegen das Land in heutiger Zeit behütet seine Geschichte mit dem zornlosen Blick auf seine jüngste Vergangenheit. Dieser Blick auf die Zukunft macht Mut und ist vielversprechend.

Wasser marsch! Bloß für's Auto hat's nicht mehr gelangt.

Der letzte Zipfel Albaniens. Im (Wasser-)Anschluss folgt Korfu / Griechenland.

Jeden Winkel ihres Gartens ausgenutzt haben Linda und Alexander ...

... und sogar auf dem Hausdach lässt sich's (mit Meerblick) zelten.

Mein All-Rad vor Korfu.

Sehnsuchtslandschaft in der Lagune von Butrint.

Morgens um neun ...

... ist die Welt noch in Ordnung. Bevor in Butrint die Touristen einfallen.

Die Kinder zeigen nur wenig Interesse an Geschichte und Archäologie ...

... dafür umso mehr an der albanischen Fähr-Schifffahrt.

Fährefahren sind wir anders gewohnt vom Bodensee ...

Et in arcadia ego – „Auch ich war in Arkadien".

Chronik in Stein

Gjirokastër, AL, 19. August 2016

Es hämmert. In meinem Kopf. Und das ganz gewaltig. Wahrscheinlich tut es dies heute in anderen Köpfen ebenfalls.

„Gestern Abend haben wir alle ein bisserl anders ausg'schaut", sagt Gudrun nach dem Frühstück, als jeder dabei ist, sein Leiden zu beklagen. Die einen mehr, die anderen weniger. Jörg scheint's überhaupt am Geringsten getroffen zu haben. Er ist der Einzige, der in der Frühe den verwegenen, wein- und schnapsseeligen nächtlich gefassten Beschluss, morgens gemeinsam Laufen zu gehen, in die Tat umgesetzt hat.

Wir sind also mal wieder umgezogen. Nach einer innigen Verabschiedung von Linda und Alexander haben wir es irgendwie geschafft, den Wohnwagen aus deren Garten zu befreien. Oder umgekehrt. Beziehungsweise Jörg hat es geschafft, während ich immerzu gerufen habe: „Es langt nicht! Es langt nicht!"

„Oh, he's a perfect driver", meinte Linda.

„If you would like to know, if your are a perfect driver, come to Albania!", lachte sie, als Jörg den Wohnwagen an ein paar Autos vorbei zum Gartentor hinausmanövrierte. Wenn sich dabei noch ein Blatt Papier zwischen zwei Fahrzeuge schieben lässt, ist es perfekt. Diesen Papier-Test hat er längst bestanden.

Saranda irgendwie auf recht chaotische Weise durchschifft, sind wir Richtung Gjirokastra weiter gefahren. Mit der Route hatten wir uns zuvor nie beschäftigt, da eigentlich nicht eingeplant. Aber wie gesagt, Routen ändern sich auf so einer Reise ständig. Den Muzina-Pass zwar nicht locker, aber irgendwie gepackt (wie gesagt, man gewöhnt sich an alles), sind wir nun hier bei Zhanisa und Julian gelandet. Eigentlich wollten wir uns nur Gjirokastra, „die Stadt in Stein" anschauen und morgen weiter in Richtung Berat fahren. Eigentlich …

„Dieser Platz ist sehr gefährlich", meint Stephan (mit PH, worauf er großen Wert legt), als wir den Wohnwagen abstellen. Warum dieser Platz denn so gefährlich sei, frage ich.

„Weil ihr hier erstens zu Alkoholikern werdet und zweitens nicht mehr von hier weg kommt, geschweige denn, wollt."

Und er sollte recht behalten. Dieser Platz strahlt einen Zauber aus, der einen unmittelbar bei Ankunft umfängt. Und das, obwohl es hier rein gar nichts gibt. Kein Meer, keinen See, keinen Fluss, noch nicht mal ein richtiges Dorf. Wir befinden uns, umgeben von endlosen Gebirgszügen mitten in der albanischen Pampa. Dass es hier überhaupt einen Campingplatz gäbe, davon sind wir gar nicht ausgegangen. Erwartet hatten wir gestern morgen bei Abfahrt, irgendwo in der Wildnis zu nächtigen. Jetzt stehen wir zwar auch in der Wildnis, aber betreut von dermaßen zuvorkommenden und herzlichen Gastgebern, wie wir sie zwar hier schon oft erlebt haben, uns diese Herzlichkeit aber immer wieder beinah die Sprache verschlägt. Somit gibt es von dieser Warte aus betrachtet, einfach alles. Sogar ein paar hundert Meter weiter ein Pishina, also ein Schwimmbad – direkt in diesem Niemandsland.

Vor elf Tagen erst haben Zhanisa und Julian dieses „Camp" ebenfalls in ihrem Garten eröffnet, und wir sind damit sozusagen die Probanden. Wir hatten über diesen Platz noch keinerlei Info, auch gibt es aktuell keinerlei Beschilderung, die auf irgendetwas derartiges hinweisen könnte. Außer einer dahingekritzelten Skizze von Alexander und für den Notfall eine Telefonnummer, hatten wir nichts in der Hand.

Tatsächlich haben wir diesen Platz bei Gjirokastra gefunden und uns nun unter Quitten- und Granatapfelbäumen auf jüngst ausgelegtem Rollrasen und umgeben von Weinreben installiert.

Zhanisa und Julian wohnen hier zusammen mit Julians Eltern. Julian ist Geschäftsführer einer Bank in Gjirokastra, Zhanisa ist Ärztin, der Vater Winzer und Schnapsbrenner. Und da liegt er also: der Hase im Pfeffer – oder im Rotwein.

Zusammen mit uns lagern hier Gudrun und Frank aus Franken, zwei nette Bayern aus Rosenheim, deren Namen ich nach zu viel Wein vergessen habe und eben Stephan mit PH, der noch bis morgen ohne Heidi ist, die für ein paar Tage in Griechenland war und ansonsten aus Hannover kommt. Stephan ist mittlerweile Rentner, hat bis vor kurzem zusammen mit Heidi eine Heidschnuckenschäferei in Nienburg und einen Bio-Bauernhof betrieben. Jetzt betreibt Stephan einen 7,5-Tonner, mit dem er und Heidi durch die Welt ziehen. „Big Blue" nennt er seinen Wohn-LKW und dieses damit verbundene Abenteuer, das nicht nur tagesaktuell im Internet auf www.hofschwarzesmoor.de zu verfolgen ist, sondern bereits vom NDR dokumentiert wurde. Wie auch seine „Schäferidyllen" in einer ZDF-Serie ausgestrahlt wurden.

Oberstes Gebot auf diesem Platz lautet: Am Abend wird zusammen gesessen auf ein Glas Wein. Stephan und Heidi wollten hier nur kurz Station machen auf ihrem Weg aus dem Hochgebirge an's Meer. Auch Frank und Gudrun wollten eigentlich nur über Nacht bleiben. Aus dieser einen Nacht wurden fünf. Und aus dem Glas Wein gestern Abend wurden dann ziemlich schnell ziemlich viele. Darunter mischte sich immer wieder mal ein Gläschen Raki. Zhanisa servierte von Zeit zu Zeit Albanische Köstlichkeiten, es wurde erzählt von den bestandenen Abenteuern, von Franks und Gudruns Wohnwagenreisen mit ihrem „hobbymäßig" vergleichsweise riesigen Fendt und von kleinen wie größeren Pleiten und Pannen, vom neuen Reisen der beiden Bayern mit ihren zwei kleinen Kindern und einem alten ausgeliehen Allrad-Gefährt. Von unseren immer mal wieder Beinah-Katastophen, von meinen Panikausbrüchen und natürlich von Stephans Touren mit „Big Blue", dem Pottwal auf Rädern.

Dass dabei das eine oder andere Glas zu viel dieses überaus süffigen Weines die erzählenden Kehlen hinunter rann, war wenig wunderlich. Der Krug war immer wieder wie von Zauberhand aufgefüllt ... und wir alle langsam abgefüllt. Julian sorgte sich rührend um seine Gäste, und die Gäste sorgten dafür, das Verständnis für den Tourismus in Albanien zu sensibilisieren. Denn so geht das einfach nicht ...

Dass die beiden, Julian und Zhanisa (wie aber auch beispielsweise Linda und Alexander) sich rund um die Uhr regelrecht für ihre Gäste aufopfern, sich pausenlos um das leibliche Wohl kümmern, morgens Brot und Marmelade vor den Wohnwagen stellen, mittags Obst vorbeibringen, den lieben langen Tag putzen und gießen und ständig nachfragen, ob es uns an irgendetwas mangele, ist das Eine – und das, was jeden, der hier herkommt, dazu verleitet, einfach zu bleiben. Dass sie dafür allerdings kein Geld, beziehungsweise viel zu wenig Geld verlangen, ist das Andere. 14 Euro haben Gudrun und Frank heute morgen für jeden Tag, den sie hier gestanden haben, bezahlt.

„Ich wusste gar nicht, was ich sagen sollte, als mir Zhanisa noch ein paar kleine Geschenke in die Hand drückte", sagt Gudrun heute morgen vor der Abfahrt. „Mir fehlten einfach die Worte." Danke ist eigentlich viel zu wenig. Aber ein anderes Wort gibt des dafür nicht.

Dass mit dem Tourismus hier Geld zu verdienen ist, macht Hoffnung. Den Menschen und dem ganzen Land. Man sieht das an allen Ecken und man spürt das an jedem Einzelnen. Nur: solange es an der professionellen Vermarktung dieses Landes fehlt, ist auch etwas anderes zu spüren, das vermutlich etwas Einzigartiges ist. Gastfreundschaft, Hilfsbereitschaft und Herzlichkeit, die unbezahlbar ist.

Heute Abend will Julian ein Barbecue ausrichten. Das erste für ihn und seine Gäste. Für uns, für Stephan, für die Rosenheimer und eben für alle, die am Abend noch ankommen werden. Für eine Nacht …

„Wir werden alle zusammen kochen", sagt er. Jeder würde etwas auf seine Weise zubereiten. Er und Zhansia auf traditionelle albanische Art.

„Wie wär's mit einem schwäbischen Kartoffelsalat?", schlägt Jörg vor.

„Ich koch dann mal Kartoffeln …" Was daraus wird, werden wir sehen …

Aber zuvor wollen wir in die Stadt radeln zu einem albanischen Volksfest. Nicht nur für die Touristen, sondern für die Menschen, die hier leben. Und ihre polyphonen Gesänge zum Besten geben, traditionelle Tänze aufführen und ihr Handwerk vorstellen.

„Och nee, nicht schon wieder", maulen die Kinder, die schon gestern ihr Fahrrad die steilen Gassen hochgeschoben haben. Vermutlich ist dies die steilste Stadt der Welt. Eine Stadt, in der alle Gesetze der Architektur und des Städtebaus buchstäblich über den Haufen geworfen sind. Eine Stadt, in der die Mauern des einen Hauses auf das Dach eines anderen gebaut zu sein scheinen. Eine Stadt, wo man im Vorrübergehen den Arm ausstrecken und seine Mütze über den Kamin eines Hauses stülpen kann. Eine Stadt aus Stein, wo jeder dieser Steine eine lange, lange Geschichte erzählt. Geburtsstadt des albanischen Diktators Enver Hoxha sowie des weltberühmten Schriftstellers Ismail Kadare. Gjirokastra, eine Stadt wie im Märchen. Eine Stadt, die langsam zerfällt, wenn nicht endlich das UNESCO-Gesuch erhört wird. Eine Chronik in Stein, die hoffentlich noch lange weitergeschrieben wird.

Camping im Garten Eden von Zhanisa und Julian bei Gjirokastra.

Mit Elisa ihre Heimatstadt entdecken: Gjirokastra.

Gjirokastra, eine „Chronik in Stein" ...

... die auf Schritt und Tritt von guten wie schlechten Zeiten zeugt.

Schau mal da! ...

Als Mahnmal ließ Enver Hoxha dieses demolierte US-Flugzeug in Gjirokastra ausstellen.

Ismail Kadare in jungen Jahren hier in seinem Geburtshaus ...

... bevor er damit begann, Weltliteratur zu schreiben.

An dieser Stelle stand das Geburtshaus des albanischen Diktators Enver Hoxha.

„Gjirokastra, die vermutlich steilste Stadt der Welt" (Ismail Kadare).

Supermarkt auf albanisch.

Super Supermarkt auf albanisch.

Das Husten der Ziegen

BERAT, AL, 21. AUGUST 2016

Heidi ist unbehelligt gestern Nacht aus Athen zurück gekehrt. Und wir sind gestern Morgen ein Stück weiter nordwärts gezogen. Denn schließlich sollten wir bis in zwei Wochen langsam wieder in unseren Heimathafen einlaufen. Die Hitze scheint mit uns gezogen zu sein, während „Big Blue" und seine Besatzung noch einen Tag länger bei Zhanisa und Julian vor Anker bleiben wird.

Unpünktlich nachts um zwei Uhr erreichte der Athener Bus Gjirokastra und Heidi anschließend mit dem Taxi das Zentrum von „Niemandsland", bis sie vor dem verschlossenen Tor des „Campingplatzes ohne Namen" stand. Scheinbar kannte noch nicht einmal der Taxifahrer diesen zauberhaften Ort; aber gesucht – und gefunden. Mitsamt Gepäck des nächtens über den Zaun geklettert, denn schlafende Hunde sollte man nicht wecken, und weder Lara, die Labradordame an Stephans Seite, noch Rex, der albanische Deutsche Schäferhund und Herr des Hauses, ließen sich aus der Nachtruhe bringen, als Heidi sich bei dieser Aktion obendrein die Hose zerriss.

Morgens um sieben, als die Welt noch in Ordnung war (was sie hier übrigens abends um sieben immer noch ist), hat sich Heidi uns vorgestellt. Und irgendwie schien es, als kannten wir uns schon lange.

Wie man sich hier scheinbar überall und selbstverständlich kennt. Am Abend zuvor etwa war es Elisa, die unmittelbar beim Anblick der Kinder beide Mädels einmal fest in die Arme schloss und uns mit einem herzlichen „Miresevini!" begrüßte. Elisa war unsere „Fremdenführerin" durch Gjirokastra. Eigentlich und im Alltag ist das zwar nicht so mein Ding, mich von anderen Menschen führen und leiten zu lassen. Aber das war hier genau das richtige Ding. An dieser Stelle möchte ich nur jedem an's Herz legen, sich in einer völlig fremden und unvertrauten Stadt, die mit einer Geschichte und einer „Chronik" aufwartet, die mal so auf die Schnelle einfach nicht erzählt oder im Reiseführer zu erlesen ist, an die Hand nehmen zu lassen und sich blindlings leiten und die Augen öffnen zu lassen. Dabei heraus kommen erstaunliche Einblicke und Ausblicke mit einer ganz anderen Sicht auf die Dinge, die einem ansonsten vermutlich immer verschlossen bleiben würden.

Elisa also war sozusagen unser Eye-Opener für diese Stadt, die nicht in Stein gemeißelt ist, sondern in der einfach das Leben stattfindet. Denn hier wird nicht für die Touristen gelebt (klar, zwar auch ein bisschen), aber hauptsächlich kommunizieren diese geschichtsträchtigen Mauern miteinander und mit ihren Bewohnern. So auch gestern Abend.

Auch war und ist Elisa gebürtige Gjirokastrin (ich glaube, das heißt nicht so, aber andere Modifizierungen dieses Wortes klängen irgendwie noch blöder). Elisa war auch nicht wirklich Fremdenführerin, sondern nur so aus der Not heraus. Hier in ihrer Heimatstadt hat sie studiert. Economy, wie sie sagt.

„Ich spreche fünf Sprachen", sagt sie außerdem. Sie sagt auch, dass sich hier mit einem Wirtschaftsstudium kein Geld verdienen ließe und sie keine Arbeit fände.

„I do this for about six months. But in winter season there

aren't any tourists in Gjirokastër. It's so cold as in summer hot. Because of the stones", erklärt sie eher sich selbst den Job hier. Aus Tirana kämen die meisten Besucher mit Bussen professioneller Unternehmen, die das Komplettpaket anböten und am Abend wieder aus der Stadt verschwunden wären.

„There is not much money to earn, neither for the city, nor for the hotels", fügt sie etwas resigniert hinzu. Aber diese Resignation ist auch gleich wieder aus ihrem Blick verschwunden. Spätestens dann, wenn sie zu erzählen beginnt von der Geschichte dieser Stadt, vor allem aber, wenn sie spüren lässt, dass sie mit dieser Geschichte tief verwurzelt ist.

Bester Beweis dafür war abends das traditionelle albanische Volksfest rund um die historische und allererste Schule Albaniens. Zunächst hatten wir sie noch nicht einmal erkannt, als sie in ihrer albanischen Tracht auf uns zu kam und die Kinder in die Arme schloss. Aber ihr Lachen war einfach unverkennbar. Und mitreißend: Elisa im echten Leben in einer Tracht, die ein Teil dieses Lebens ausmacht.

Wir alle (gut, Jörg und Stephan nicht) sind in albanischen Ringtänzen um den Obelisk getanzt, haben uns redlich oder vielmehr „beinlich" bemüht, die Schrittfolge dieser traditionellen Tänze irgendwie „auf die Reihe" zu kriegen. Elisa mit Ida an der Hand, Marlene im Schlepptau und ich mit irgendwelchen Menschen, die mich einfach mitgerissen haben.

„Mama, das klingt, wie wenn Ziegen husten", waren Marlenes Worte, als einmal mehr die schneidigen Männer des albanischen Polyphonie-Chors in fescher Tracht zu einer weiteren Darbietung ansetzten.

Mag sein, dass diese Art von Musik nicht unmittelbar unserem Gehör schmeichelt. Aber sie schmeichelt unserem Herzen.

Nicht im melodischen Sinne, im Gegenteil – und da ist der Vergleich mit den hustenden Ziegen gar nicht so weit her geholt. Aber Menschen, die so stolz sind auf ihre weit zurückliegende Vergangenheit und so sehr um den Erhalt ihrer Traditionen bemüht sind, trifft man selten an. So selten, wie man Menschen antrifft, die alles Neue und alles Fremde vorbehaltlos in ihrem Kreis auf- und an die Hand nehmen. So selten, wie hier in Albanien.

Wir hatten zu wenig Zeit, diesem Treiben und Feiern und Singen und Tanzen zuzuschauen und beizuwohnen, zuzuhören und mitzumachen. Julian wartete mit dem angekündigten Barbecue auf uns. Diese abendliche Verabredung war denkbar ungünstig. Für beides bleib zu wenig Zeit.

Das Volksfest hätte noch lange andauern können; das Barbecue tat es dann auch. Allerdings zu fortgeschrittener Stunde ohne mich. Denn irgendwie fühlte ich mich nach dem vorigen Abend immer noch recht rotwein- und raki-saturiert.

Nach langer und tränendrüsendrückender Verabschiedung von Zhanisa und Julian, von seinen Eltern und Verwandten, von Petra aus Rosenheim samt Familie und natürlich von Stephan und Heidi, sind wir also gestern Nachmittag am Caravan Camping Berat angekommen, und einmal mehr geht es auch hier darum, wer kennt hier wen? Scheinbar eben jeder jeden. Es ist schon lustig, wie sich alles herumspricht und sich immer wieder die Wege kreuzen. Auch Christel und Thomas aus Heidelberg, die mit uns in Ksamil waren, haben wir hier wieder getroffen. Oft sind es aber „Wiederholungstäter", die man hier antrifft. Denn dieses Land einmal bereist und seine Menschen kennengelernt, kommt man immer wieder hier her.

„Seid ihr Max irgendwo begegnet? Würd mich interessieren, wo der sich gerade rumtreibt", fragte uns der Vogtländer Rolf, der seit Mai mit Anita unterwegs ist, bei unserer Ankunft.

„Klar sind wir Max begegnet. Bei Deniz am Camping Kranea", lachten wir. Denn wer kommt schon an Max vorbei mit seinem riesigen LKW und seinem gewaltigen Rauschebart.

„Wie? Ihr habt letztes Jahr Klaus und Rita getroffen?", fragte Rolf belustigt weiter, als wir vom Durmitor-Dilemma berichteten. Klar hätten wir, und Klaus hätte uns den Berg hochgezogen, als wir mit unserem alten Golf stecken geblieben sind.

„Ach, den Mercedes hat er immer noch?"

Aber nun hätten wir die letzten beiden Tage mit Stephan und „Big Blue" verbracht, erzählten wir weiter.

„Ach, den kennen wir gut. Wir sind uns letzte Woche erst in Farma Sotira begegnet", schmunzelte Rolf.

Farma Sotira ist ein recht alternatives Camp mitten in den Bergen und in der Nähe Albaniens höchstgelegener Stadt. Mühsam zu erreichen über eine teilweise unbefestigte Bergstrecke. Landschaftlich großartig, aber man benötigt viel, viel Zeit dafür. Diese Zeit geht uns erstens langsam aus, und ehrlich gesagt mit ihr auch die Nerven. Petra und die Rosenheimer sind gestern mit ihrem geliehenen Allrad dorthin aufgebrochen. Nur wir werden diesen Ort in diesem Jahr mit unserem Wohnwagen nicht mehr erreichen. Ein Ort, wo die einen sich treffen, weil sie von den anderen davon gehört haben. Ein Ort, wo Menschen nach alten Traditionen leben und Gäste bewirten. Ein Ort, wo die Ziegen husten.

Wir nennen das Flüsterpost.

Die schneidigen Männer des Polyphonie-Chores in ihrer feschen Tracht.

Stolz auf ihre Wurzeln in Gjirokastra: Elisa.

Ausgelassene Stimmung, einladende Gesten ...

... und gemeinsame traditionelle Ringtänze beim Volksfest in Gjirokastra.

Nächtliches Barbecue bei Julian.

Morgendlicher Abschied von Heidi, Stephan und Lara.

Während der Tag über Gjirokastras Bergen erwacht ...

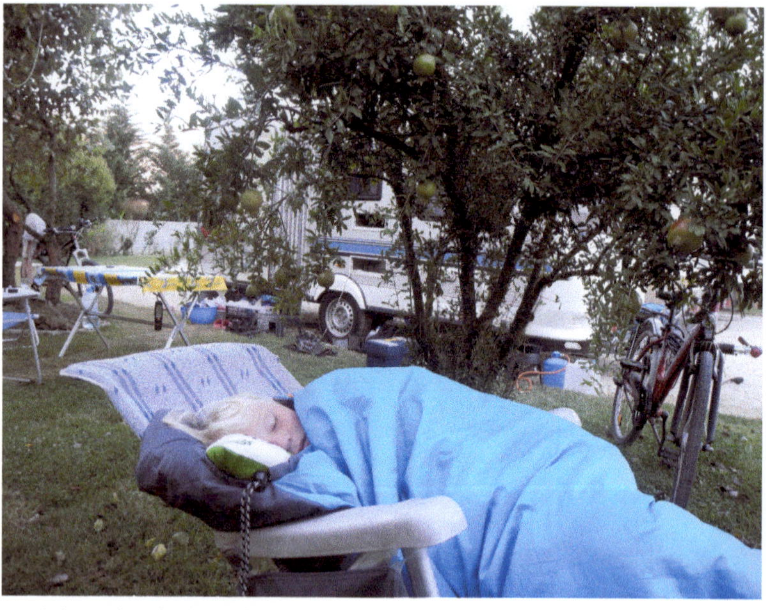

... wird im Tal noch geschlafen.

Anagrammatik im Neverland

BERAT, AL, 22. AUGUST 2016

„I need dringend a watercock!". Man kann mit manch sprachlicher Verballhornung kokettieren, man kann sich aber auch den allergrößten Blödsinn angewöhnen. Wie eben den „ausdrücklichen" Wasserhahn, den ich heute auf meiner Radtour ganz dringend benötigt hätte, oder die gestrigen Oliven, von denen „only a handvoll" gelangt hätte. „Des langt" klingt ziemlich albanisch, und „Deslangt" hat die Marktfrau dann auch ganz schnell in ihren Sprachschatz aufgenommen. Wir waren uns also einig.

„Oh, he brings se after-table", waren Stephans überraschte Worte, als Julian nach dem Barbecue eine Schüssel Melonenschnitze auf den Tisch stellte und nachdem es als „before-table" „scrumbled eggs wiss Wurscht" gab.

Man versteht sich. Und das, obwohl der eine die Sprache des anderen nicht versteht. Englisch ist der größte gemeinsame Nenner, aber unterm Strich bleibt dabei ganz schön viel auf der Strecke, was letzten Endes nur mit Händen und Füßen zu erklären ist.

Gestern Abend zum Beispiel war es der Imam in der Xhamia Mmbret, Berats Königsmoschee, der mir einmal den Koran rauf und runter erklärt hat, was ich anschließend an die Kinder genauso weitergegeben habe.

„Mama, was hat der eigentlich für eine Sprache gesprochen?", fragte mich Ida.

„Ich glaube Italienisch."

„Seit wann kannst du denn Italienisch?"

„Weiß nicht. Ich weiß auch nicht, ob ich Koran kann. Aber so viel habe ich verstanden, dass der Mufti in etwa das darstellt, was bei uns der Mini ist. Und dass es Großmuftis und Oberminis gibt."

Es ist faszinierend, wie sich alle Sprachen, alle Kulturen und alle Religionen hier mischen. Und wie sich die Worte mischen. Sogar die Buchstaben mischen sich in diesem Land ... zu einem neuen Begriff.

Lange habe ich nach diesen Bergen gesucht, in denen der Schriftzug „ENVER" aus kommunistischer Zeit gleich einem riesigen Tattoo in einen gewaltigen Bergrücken eingraviert ist. Nichts Genaues wusste ich nicht, nur dass diese Berge sich irgendwo in der Nähe von Berat befinden mussten.

Zu Zeiten, als es galt, dem großen Diktator alle Ehre zu erweisen, wurde zu propagandistischen Zwecken sein Name in die Flanke des Berges Shpirag geschlagen. Immer noch dominieren die 100 Meter hohen und 60 Meter breiten Lettern die Skyline nördlich von Berat, Albaniens ältester und geschichtsträchtigster Stadt. Nach dem endgültigen Zusammenbruch des Kommunismus 1994 mit Napalm bombardiert, um die letzten Spuren dieser düsteren Vergangenheit völlig zu verwischen, ließen sich die imposanten Versalien dennoch nicht gänzlich ausradieren. Und somit wurde im Rahmen eines groß angelegten Projektes aus den beiden ersten Lettern mit Zuhilfenahme gewaltiger Weiß-Wasch-Pumpen und ganz gehörig viel Menpower ein symbolisches Anagramm geschaffen, das diese

Berge, zumindest aber diese düstere Epoche der völligen Isolation unter der Diktatur Enver Hoxhas, in ein anderes Licht, ergo in eine andere Begrifflichkeit rückten. ENVER – NEVER.

„Schau mal, da steht es ja!", rief Jörg gestern Abend begeistert, als wir auf der Kabelbrücke über dem Osum gestanden haben.

Wenn man wollte und nur genau hinschaute, konnte man den Schriftzug tatsächlich erkennen. Nur war das dämmrige Abendlicht dermaßen schlecht, dass selbst der beste Fotoapparat an seine Grenzen gestoßen wäre. Der meinige indes war nicht nur an seine qualitativen Grenzen, sondern vor allem an seine „akkustischen" Grenzen gestoßen. Also musste ich heute Mittag noch einmal los, nachdem der Akku frisch aufgeladen war. Frisch aufgeladen war auch die Sonne, und die tat ihr Bestes, damit ich mit meinem Centurion All-Rad nach zirka 15 Kilometern Hauptstraße schweißgebadet und völlig dehydriert Berats Altstadt erreichte. Der „Watercock" war nur das Wenigste, was ich benötigte. Auch benötigte ich einen Abstellplatz für mein Fahrrad.

Der dagegen war so schnell gefunden, wie ein launiges Gespräch über den Zaun gebrochen, welcher wiederum nicht die geringste Barriere darzustellen schien. Noch nicht einmal eine Sprachbarriere hielt mich von der Verständigung mit einem alten Mann ab, der nicht nur sein Gemüse vehement verteidigte und in seinem klitzekleinen Laden anpries, sondern fürderhin auch mein Fahrrad. „German?", wollte er interessiert wissen. Als ich seine Frage bejahte, fing er unmittelbar damit an, mein Hightech-Vehikel genauer unter die Lupe zu nehmen. Strich über das Reifenprofil, kontrollierte den Luftdruck und war sichtlich beeindruckt von Schaltung und Technik.

„German good!"

Selbstverständlich würde er dieses Gefährt bewachen, solange, bis ich wiederkäme. Würde ich erst morgen wieder kommen, bin ich mir sicher, würde er die ganze Nacht vor seinem Laden sitzen und aufpassen, damit dem Rad ja nichts passierte.

Noch etwas habe ich außer dieses Ehrenkodexes der Albaner auf meiner heutigen Expedition in Erfahrung gebracht. Hoch oben auf dem Berg außerhalb der Burgmauern: Eine kleine unscheinbare Scheunenkirche. Von Natursteinmauern umfriedet bin ich unter einem Zaun hindurchgeschlüpft. Vor mir stand, oder ich vor ihm, ein Gebäude, das so ganz und gar nicht an eine Kirche erinnerte. Nicht umsonst tragen diese Kirchen in allen Teilen der Welt den Namen „Scheunenkirche". Nichts durfte jemals daran erinnern, dass Christus in dieses Haus eingezogen sein könnte. Nicht unter der Herrschaft der Osmanen, nicht im Zweiten Weltkrieg, nicht im Kommunismus. Und nichts durfte Hinweis darauf geben, dass all die Christen sich unter dem Deckmantel der vermeintlichen Scheune vor ihren Widersachern versteckten.
Als einen magischen Ort empfand ich diesen heimlichen Platz auf Berats höchster Höhe. Über der berühmten Kalaja gelegen, mit dem Tomorri, dem heiligen Berg der Bektashi im Blick, dem Osum zu Füßen und nichts über mir, außer das Blau des Himmels, das sich göttlich zu erkennen gab in den beiden Türen zu diesem vermeintlichen Stall.

Es ist wenig, was einen dazu bewegen kann, den Blickwinkel zu verändern. Ein Funken Hoffnung. Ein kleines Blau. Oder Big Blue.
Stephan und Heidi sind wieder hier!

Kleinstadt mit großem Sohn: Tepelena.

Der Osum in seinem zerwühlten Bett.

Berat, die Stadt der tausend Fenster.

E N V E R – N E V E R !

Heimliche Scheunenkirche auf Berats Bergrücken.

Nur das blaue Tor lässt eine Ahnung.

Shën Ndelliu, dem nicht nur das Kirchlein, sondern die ganze Straße gewidmet ist.

Tumult überm Tommori, dem heiligen Berg der Bektashi.

Bye, bye, Albania

ULCINJ, MNE, 23. AUGUST 2016

Ein zweites Mal haben wir uns gestern Morgen von Heidi und Stephan verabschiedet. Vermutlich auf dieser Reise das letzte mal. Während die beiden noch ein bis zwei Tag in Berat verweilen wollen, haben wir uns auch endgültig, zumindest für diesen Sommer, von diesem Land verabschiedet.

Es fällt schwer, dieses Land zu verlassen, obwohl sich langsam so etwas wie Heimweh einstellt. Aber es fällt noch viel schwerer, diese Menschen zu verlassen. Es ist ein Land voller Gegensätze. Armut und Reichtum in einem unausgewogenen Verhältnis. Korruption immer noch an allen Ecken und Enden, obwohl eine großangelegte Kampagne zumindest darauf aufmerksam machen soll. An diesem buchstäblichen Brennpunkt stinkt immer noch und immer wieder etwas gewaltig zum Himmel. Und wenn es nur eine in Brand gesteckte „illegale" Mülldeponie ist. Es ist ein Land, in dem nach wie vor politische Uneinigkeit herrscht, in dem noch vielerorts eigene Gesetze gelten. Wie etwa hoch oben im nördlichen Bergland der Kanun immer noch über allen Gesetzen steht und nichts und niemand dagegen ankommt. Auch ist dies ein Land, das nach wie vor großen Drogenproblemen gegenübergestellt ist. Es sei zwar nicht wirklich legal, Cannabis im großen Stil anzupflanzen, sagt Zhanisa, aber zumindest wird es nicht konsequent geahndet.

Gerade das berüchtigte Dorf nur ein paar Kilometer weiter entfernt von ihrem Wohnhaus – Lazart – erlangte selbst in den deutschen Medien erschütternde Berühmtheit durch den von der internationalen Mafia kontrollierten Hanf-Anbau. Zwar sei dieses Dorf und seine dubiosen Machenschaft seit geraumer Zeit ausgehoben, fügt Zhanisa an, dennoch wird jeder Neugierige davor gewarnt, sich auch nur in die Nähe zu wagen. Es könne durchaus passieren, dass ohne Vorwarnung scharf geschossen würde.

„Ich wusste nicht so recht, wo ich mich gerade befinde", sagt Jörg etwas konsterniert, wie er vom Laufen zurück kam. „Ich hab dann ziemlich Gas gegeben." Denn den Namen des Dorfes hatte er vergessen, nur wusste er, dass es sich hier ganz in der Nähe befinden musste.

„Nein", lacht Zhanisa. Lazart läge auf der anderen Tal-Seite. Hier sei er sicher. „Only the dogs are dangerous", ergänzt sie und ist sichtlich erstaunt, dass es Menschen gibt, die hier durch diese Dörfer joggen.

Erstaunt ist das passende Wort, wenn man an diese Häuseransammlungen denkt. Aber wenn man die Landschaft vor Augen hat, reicht dieses Wort nicht aus, um das Er-Staunen darüber zu beschreiben. So klein dieses Land ist, so gewaltigen ist seine landschaftliche Vielfalt. Den Norden dominieren die Albanischen Alpen mit ihren schroffen und nur beschwerlich zu erreichenden Hochebenen. Tiefebenen prägen die nördlichen Küstengebiete, die mit ausgedehnten Lagunen und einer Artenvielfalt an Tieren aufwarten, die mit der Arche Noah vergleichbar sind. Die südliche Küste wiederum übertrifft mit ihrer mediterranen Schönheit, mit den Stränden und dem türkisfarbenen Wasser alles, was ich bisher an Küsten gesehen habe.

Zwischen den vielen Gebirgszügen befinden sich endlos scheinende, fast menschenleere Steppenlandschaften, durch welche die großen Flüsse wie Devoll, Drinos, Osum, Shkumbin, Vjosa ihr breites, zerwühltes Bett aufgeschlagen haben und sich darin ungestört und ungebändigt wälzen. Auch ist dies ein Land, das auf eine lange Geschichte zurück blickt. Illyrer, Griechen, Römer, Osmanen, Slawen, Bulgaren, Aromuren, Walachen ... Ali Pascha Teplena, König Zogu und natürlich der große Nationalheld Skanderbeg – alle hatten ein bisschen mitgemischt und ihre Spuren hinterlassen. Spürbar ist das nicht nur an den imposanten Kulturschätzen dieses Landes, sondern eben auch an der Küche. Selten haben wir besser gegessen, nie sind wir fürstlicher bewirtet worden. Die Küche ist denkbar einfach und ungekünstelt. Ohne Schischi und ohne jegliche Arroganz (von was man in unseren Sterne-Restaurants oftmals und durchaus sprechen kann). Es wird das zubereitet, was die Erde bereithält.

„Das Schwein ist vom Nachbarn", sagt Julian am Abend unseres Barbecues. Der verhängnisvolle Wein indes war der eigene. Das Gemüse kommt aus dem Garten, der Käse von den Schafen und Ziegen. Und die Sterne, die gibt's gratis dazu in fünfmillionenfacher Ausführung am Himmel.

„Oh no! Never! The chicken are all the pride of my mother", fügt er entsetzt an, als wir ihm beim abendlichen Zusammensitzen vorschlagen, den Hang hinter dem Haus als zusätzliche Zeltwiese zu nutzen. Aber dann könnte er doch wenigstens die Eier an seine Camping-Gäste verkaufen, denken wir uns gleich ein Marketingkonzept aus. Nein, die Eier würden sie alle selber verwenden. Aber selbstverständlich könnten wir jederzeit welche bekommen. Nicht für Geld. Einfach so.

Alles in allem bietet nicht nur die albanische Küche, sondern vor allem die unterschiedlichen Menschen eine wunderbare Mischung sämtlicher Kulturen und ihrer vielen Köche, die den Brei nicht verderben, sondern auf's Allerbeste bereichern und raffiniert verfeinern. So, wie unser Barbecue in dieser klaren Sternennacht.

Nun sind wir also hin und weg. Gut fünf Stunden haben wir für die knapp 200 Kilometer benötigt, bis wir den Grenzübergang Muriqan nach Montenegro erreicht hatten. Das klingt wenig an Strecke, ist aber ganz schön viel, wenn man mit albanischen Straßenverhältnissen und Fahrweise vertraut ist. Es kann sein, da läuft es mal ganz gut, bis dann abrupt der Straßenbelag wieder endet und es über eine holprige Schotterpiste nur noch im Schritttempo weitergeht. Auch ist das Fahren auf der sogenannten Autobahn ein echtes Erlebnis. Da wird alle paar Meter Gemüse angeboten, Mais gegrillt, da warten Menschen darauf, mitgenommen zu werden, während Eselskarren, Fahrräder und Ziegenherden gegen die Fahrtrichtung fahren, laufen, blöcken und einfach im Weg rumstehen.

Auch wir standen gegen 14 Uhr im Weg rum. Nämlich an der Grenze. Mit dem wehmütigen Blick zurück, der übrigens sehr, sehr lange andauerte, waren wir nach einer Stunde Wartezeit zurück in Montenegro. Ein Stück näher Richtung Heimat. Wenngleich immer noch verdammt weit weg.

Das ist das Schöne daran, irgendwo anzukommen, wo man schon einmal war und sich auskennt. Auf dem „Safari-Camp" in Ulcinj kennen wir uns aus, und dieses Camp ist also für die nächsten ein, zwei Tage unsere Heimat auf Zeit.

Nur am Rande: Ganz langsam wird es auch Zeit, dass ich einfach mal Urlaub mache. Ich kenne den Ort hier, kenne die Gegend und die Landschaft, habe im vergangen Jahr sowohl die Stadt, als auch die Umgebung mit dem Fahrrad erkundet. Jetzt stehen wir direkt am Strand, der Wind bläst. Jörg war gestern Abend zum ersten Mal mit dem Kite auf dem Wasser; der Trubel der vergangene Tage, begleitet von so vielen schönen Begegnung, gemeinsamen Abenden, spannenden Erzählungen und wundervollen Bekanntschaften verlangt nun in der Tat nach etwas Ruhe. Ich werde also jetzt damit beginnen, endlich einmal nichts zu tun ...

„Ich hab doch gleich den Kiteschirm und die Figur auf dem Surfbrett erkannt."

Das gibt's doch nicht! „Wo kommt ihr denn her?"

Wir sind völlig perplex, als Helmut und Tilli aus Fürstenfeld am frühen Abend vor uns stehen.

„Vor zwei Stunden sind wir hier angekommen", lacht Helmut.

Aus mit der Ruhe! Letztes Jahr sind wir uns zufällig im Surfurlaub in der Toskana begegnet, dann haben die beiden sich uns angeschlossen und sind mit uns weiter zum Idrosee gezogen. Eine ganze Zeitlang war man noch über Windverhältnisse und Kitespots per Whats App in Kontakt. Der hat sich irgendwann in Luft aufgelöst und der Wind ist eingeschlafen.

Jetzt herrscht hier ganz schöne Bise, die Männer und auch Tilli sind zum nächsten Kitespot mit Rescue aufgebrochen (denn der Wind ist ablandig und das bedarf eventuell eines Rettungsbootes). Und ich mache mich gleich mit meinem All-Rad auf und fahre hinterher.

Der Urlaub muss warten!

Abends am Camping Safari Beach, Ulcinj, Montenegro.

Morgens am Camping Safari Beach.

Kite-Life am hintersten Abschnitt von Ulcinjs kilometerlangem Sandstrand.

Helmut und Jörg, die Helden in der Brandung ...

Urlaub auf Balkanien

ULCINJ, MNE, 24. AUGUST 2016

...
...
...
...
...
...
...
...
...
...
...
...
...
...
...
...
...
...
...
...
...

…
…
…
…
…
…
…
…
…
…
…
…
…
…
…
…
…
…
…
…
…
…
.

Jetzt reicht's! Gefühlt muss ich einem panierten Cevapcici gleichen, braungebrannt, in Sand gerollt, gut gebraten und von einer gleichmäßigen Speckschicht durchzogen. An Ajvar fehlt es gewiss nicht, zumindest nicht optisch. Ich habe Sonnenbrand! Nur die mittlerweile fast schneeweißen Haaren mögen nicht so recht in dieses Balkanien-Bild passen.

Planschen im Meer war schön und gut, Liegen und Dösen am Strand noch besser, der Mini-Haushalt im Wohnwagen ist gemacht, die Betten vom Sande befreit, das Geschirr gespült, ein Buch eben mal angelesen, und ich bin fertig! Mit meinem Urlaub. Ein halber Tag muss genügen.

Und weil ich eben kein „Urlaubs-Mensch" bin, habe ich heute – der Rundungen wegen – doch noch beschlossen, ein bissle mit meinem All-Rad rumzukurven. Jörg und Helmut waren – des Windes wegen – noch einmal bei den coolen Jungs von Kite-Loop, wo sich einmal mehr auf dem Wasser Rang und Namen abgelaufen, ergo abgeflogen wurde. Und die Kinder sowieso glücklich über den Umstand, zusammen mit dem hiesigen Hunde-Quintett Herrinnen über das mobile Heim zu sein.

Was mir hier auf meinen Erkundungstouren letztes Jahr in meiner Bilanz noch fehlte, war der kleine Šasko Jezero kurz vor der Grenze zu Albanien. Verlässt man die Strände und die Küstenstraße und biegt ins Hinterland ab, ist nicht nur der Trubel schnurstracks vorbei, sondern auch Montenegro faktisch zu Ende; und nur eine einzige Straße schlägt diesen Weg ein, wo zu Zeiten der völligen Isolation des Nachbarstaates das Land in einer Sackgasse endet. Noch immer steht hier ein Sackgassenschild. Auch weist an dieser Stelle ein anderes Schild in allen möglichen Sprachen darauf hin, im hintersten Zipfel angekommen zu sein: „Achtung! Das grenzgebiet". Achtung! Orthographie ist wo anders. Aber zumindest Ornitologie ist hier vorzufinden.

Ein kleiner Pfad führte dennoch weiter, und so kam ich in meiner Neugier nicht umhin, einfach noch ein Stück weiter zu radeln. Bereits auf dem Weg dorthin, als ich mich mehrmals verfahren hatte, fielen mir weitaus mehr entgeisterte Blicke zu als hilfreiche Hinweise. Ob ich mit dem Fahrrad nach Albanien wolle, wurde ich gefragt und für dieses vermeintliche Vorhaben fast für verrückt erklärt. Die Straße aber, nein, die war keinem bekannt. Ich solle doch gefälligst die große rote Hauptstraße der Küste entlang nehmen. Da fahren nämlich alle. Alle, die hier Urlaub machen.

Jetzt bin ich erstens nicht alle und zweitens mache ich auch nicht (mehr) Urlaub. Und drittens war ich endlich mutterseelenallein. Um mich herum Sumpflandschaft, Salinen, Wildnis, immer wieder mal ein bäuerliches Gehöft, Orangenplantagen, Granatapfelbäume und ganze Feigenwälder. Die letzte behauste Bastion in der montenegrinischen Grenzregion erreicht, war dann wirklich Schluss. Kein Weg mehr, nur noch ein Bergrücken vor mir, und der Grenzfluss Buna (oder Bojana, wie sie in Montenegro heißt) dazwischen. Den See „entdeckte" ich auf diesem Wege nicht, dafür das Flussufer.

Dass hier unmittelbar an der Grenze zu Albanien längst nicht mehr scharf geschossen wird, davon ging ich jetzt einfach mal aus. Dass mich aber womöglich die albanische Grenzpolizei von irgendeiner Warte aus beobachtete, wie ich mit meinem All-Rad und meinem großen Rucksack einen Trampelpfad an's Wasser suchte, das konnte ich mir durchaus vorstellen.

Egal. Es war einfach zu schön, um umzukehren. Das gefrierfachkalte Nikšicko-Pivo am Ufer aus dem Rucksack ausgepackt, das zwar nach längerer Fahrt in größter Hitze seine allerletzten Eiskristalle schon lange zuvor eingebüßt hatte, war trotzdem an diesem Ort das Beste, was mir passieren konnte. Es passierte ja sonst nichts. Außer vielleicht die vielen Eisvögel, die sich so akrobatisch wie flink über die Wasseroberfläche katapultierten, oder die alligatorgroßen Eidechsen in ihrem giftgrünen Flecktarn, die regelmäßig den Weg kreuzten.

Bis eine leere Patronenhülse im Wasser an mir vorbei trieb. Zeit, aufzubrechen. Man soll Fortuna nicht herausfordern.

Von Albanien trennten mich zirka 200 Meter Wasserweg durch langsam dahinströmendes klares Blau. Durch diesen Strom entleert sich der Liqeni i Shokdrës, der Shkodra-See, ins Meer, der unsere erste Station in diesem fremden Land war. Nun saß ich auf der anderen Seite, sah dem Fluss beim Fließen zu und fand, um es mal nicht zu pathetisch auszudrücken, dass auf dieser Reise bis jetzt alles ganz schön im Fluss war und sich hier an dieser Stelle der Kreis wieder schloss.

Albanien wird ab morgen nur noch eine ferne Ahnung sein. Wir werden weiter heimwärts ziehen und unsere Zelte in der Bucht von Kotor aufschlagen.

„Mama, gehen wir heute noch in die Stadt zum Shoppen?", fragten mich die Kinder, als ich wieder zurück war.

„Oh nein. Ich bin ziemlich erledigt, das war für heute Nachmittag einfach zu viel", räumte ich erschöpft ein.

Das kommt davon, wenn man mal einen halben Tag Urlaub macht.

Auf einsamer Radtour durch's Grenzgebiet zu Albanien.

Nur die Bojana trennt Montenegro von Albanien. Rüberschwimmen kein Problem!

Aufbauarbeiten

BUNA/MOSTAR, BIH, 25. AUGUST 2016

Viele werden sich bei unseren Erzählungen fragen: Wie hält man das aus; vor allem aber: Warum macht man so etwas? Etwas, das mit Urlaub aber auch rein gar nichts zu tun hat? Der Frage angeschlossen und nach dem Semikolon gleich die nächste Suche nach einer Antwort: Macht sowas denn Spaß, oder ist das nicht einfach Dauerstress auf fünf Wochen verteilt und der herbeigesehnte Alltag wohlverdiente Auszeit?

Klar gibt es diese Zauderer und Zögerer, die Reinen-Urlaub-Macher wie die All-Inclusive-Maker. Ich werde einen Teufel tun, darüber in irgendeiner Weise zu urteilen. Denn in der Tat hat dieses Reisen, wie wir es praktizieren, mit Urlaub wenig gemein, wenngleich es für mich – und ich möchte mal behaupten auch für Jörg und die Kinder – zur expansiven Horizonterweiterung und intensiven Alltagsflucht mehr als förderlich ist.

Wir haben also in den vergangen drei Tagen zweimal ab- und einmal neu aufgebaut. Die „Küchenzeile" ist seit Tagen dabei, sich selbstständig zu machen und mit gelösten Schrauben durch den Wohnwagen zu wandern, was aktuell einige „Bauarbeiten" erfordert.

Irgendwie ist so ein Umzug jedes Mal ein bisschen, als ob man sein Haus an einer neuen Stelle errichtet. Man ist auf der Durchreise, wobei nicht die Fahrt und die daraus resultierende

Destination, sondern immer der Weg das Ziel ist. Irgendwann beschließt man, just an dem Ort, wo's einem gefällt, seine Zelte aufzuschlagen – oder eben an dieser Stelle ein Heim auf Zeit zu errichten. Alle paar Tage wieder. Und jedesmal ist Heimat ein anderer Ort.

So waren wir gestern ab Nachmittag und nach Überqueren der Bucht von Koter per Fähre bei Uroš und seiner Familie beheimatet, wo wir bereits im vergangenen Jahr zwei Tage verbracht hatten. Von diesen Tagen freilich hatte ich damals recht wenig mitbekommen, war ich doch von einer fiebrigen Angina außer Gefecht gesetzt. Jetzt wollte ich diesen Ort einfach noch einmal besuchen.

Und was soll ich sagen? So, wie in meiner Erinnerung, trotz meines einstigen Fieber-Deliriums heute als Reinzeichnung wahrgenommen, hat dieser Platz nichts von seinem Charme verloren. Die Kai-Mauer an der so wuseligen wie familiären Strandpromenade ist für mich immer noch „Best Place to be" am Abend, wenn die großen Kreuzfahrtschiffe die „Boka Kotorska" verlassen und die kleinen Fischerdörfer, die längst keine mehr sind, sondern von einer großen Zukunft träumen, endlich wieder zur Ruhe kommen und zu sich selbst finden – und der Rotwein sein Übriges dazu tut.

„Hey, was macht denn ihr hier?", ruft's von unten am frühen Abend, wie wir oben auf unserem warmen Steinmäuerchen unter der Bougainvillea sitzen und dem munteren Treiben zuschauen.

Elisabeth ist heftig am Winken und freut sich sichtlich, uns wieder zu treffen. Ich hab sie noch nicht einmal gleich erkannt, beziehungsweise konnte ich sie nicht unmittelbar einem Ort und einer Begegnung zuordnen, so viele Begegnungen und Orte sind uns auf dieser Reise buchstäblich widerfahren oder wir ihnen.

„Ja klar, Lake Shkodra bei Nico!", fällt es mir wieder ein. Und klar scheint sie zusammen mit ihrem Freund auf den Spuren unsere letztjährigen Reise zu sein. Viel weiter aber seien sie noch gereist. Ebenso wie wir bis nach Südalbanien. Ob sie auf den Spuren unserer diesjährigen Route waren, kann ich nicht mit Bestimmtheit sagen. Immerhin aber wussten sie von unserem neuen Blog.

Von Uroš heute morgen herzlich verabschiedet, sind war also zurück in Bosnien angekommen. Die Fahrt hinauf ins Orjen-Gebirge war atemberaubend schön, und hinter jeder Kurve habe ich mich ungläubig geäußert: „Sind wir nicht falsch? Oder hat das der alte Golf letztes Jahr tatsächlich geschafft?"

Jetzt schaffte es der Mitschuh mit links und dem Wohnwagen im Schlepptau, wenngleich andere Strecken – selbst in neuen Bergschuhen – den Golf vor eine nicht bezwingbare Herausforderung gestellt hätten. Wie etwa der Llogara-Pass.

Der Grenzübertritt von Montenegro nach Bosnien verlief zum allerersten Mal erstaunlich flink, und die darauf folgende Bergstrecke wurde von nichts weiter unterbrochen als von Einsamkeit, Landschaft, Wildnis und Weite. In diesen Momenten verhohlenen Glücks hält die Landschaft ihre Lieblingsrede: Ohne Menschen kein Müll! Reine Luft, reine Weite. Und lediglich verirrte Kühe lungern hier im Niemandsland im Wege rum.

„Brauchen die auch einen Reise-Pass", fragt Jörg.

Ich zucke die Schultern.

Wie ohnehin das Schulterzucken ob dieser Landschaft die trefflichste und gleichzeitig unterwürfigste Geste ist. Entweder man benötigt hier starke Nerven oder einen Jeep. WIR haben weder das eine, noch ICH das andere. Was aber nichts ausmacht und irgendwie auch geht ... weil Jörg starke Nerven hat und obendrein über Fahrkünste verfügt, die ich andauernd anzweifle. (Hier an dieser Stelle möchte ich mich einmal bedanken für seine Langmut, für seinen mehr als korrekten Dresscode – sprich für sein Nervenkostüm – was hauptsächlich meiner Anwesenheit gezollt ist, vor allem aber für seine Gelassenheit auf dieser Reise.)

Der Süden Bosniens ist ein Landstrich, der mit einer faszinierenden Kulisse aufwartet. (Wie überhaupt das ganze Land einen schier aus den Schuhen haut.) Weiße Berge, die suggerieren, trotz unbarmherziger Hitze Schnee auf ihrem Haupt zu tragen. „Bijelasnica" ist nur ein Name dieser Berggriesen. „Bijela" bedeutet „weiß". Der Himmel blau, das Land mit staubtrockenem Ocker gepudert, trutzhafte Krüppelgewächse in steinerner Flanke kauernd in kräftiges Dunkelgrün getunkt, Felsausbrüche so weiß wie Schnee, dazwischen die gelegentlichen Minen-Warnschilder so rot wie Blut.

Ja, Blut wurde in diesem Land beileibe genug vergossen, dennoch herrscht immer noch nicht wirklich Frieden und Einigkeit auf Balkanien. Keiner weiß wirklich, warum. Auch nicht, worum es jemals ging. Alles scheint irgendwie im Aufbruch und immer noch im Neuaufbau zu sein.

Auch Gaga zeigt sich im Aufbaufieber. Aber nicht auf den ersten Blick. Denn auf den ersten Blick ist hier am River Camp kurz vor Mostar und kurz nach drei Uhr alles beim Alten. „Help yourself" steht nach wie vor auf dem Schild am Eingang, und Gaga glänzt (mal wieder) mit Abwesenheit. Auch scheint sich sonst nichts verändert zu haben. Wir helfen uns also selbst und installieren uns direkt am Ufer der Buna (eine andere Buna, als die albanische. Aber scheinbar hören hier viele Flüsse auf diesen Namen).

Die Zeltnachbarn nebenan erzählen von ihren Reisen, während wir erzählen, dass „Gaga" bei uns so etwas wie „verrückt" bedeutet.

„Oh yes, he's such a crazy guy", lacht der Belgier von Nebenan. Aber ebenso gastfreundlich sei er und seine Familie.

Deswegen sind wir hier. Kurze Zeit später, nachdem die Mama das gröbste „Wildcampen" geregelt hat, taucht Gaga auf.

„We are back", sagt Jörg.

„Welcome back", sagt Gaga. Und lacht. Ein Lachen, das so tief von Herzen kommt, wie der Blick, der aus seinen unsäglich flauschigen Vogel-Strauß-Augen alle Empathie für dieses „Camping-Geschäft", vor allem aber für seine Gäste preis gibt.

Etwas verändern müsse er sich und den Platz nichtsdestotrotz, blinzelt er plüschig irgendwo aus der Mitte zwischen seinen nicht minder tierischen Segelohren hervor.

Das Wort „Tourismus" kommt also auch hier langsam an. Endlich. Denn dadurch erschließt sich ein neuer Wirtschaftszweig. Und das tut diesem Land gut. Anders als in Albanien, scheint Bosnien nach wie vor in einer Art Dornröschenschlaf zu schlummern. Dornenbewehrt, von Minen gespickt, von Vorurteilen gezeichnet. Gegen die Vorurteile ist anzukommen, die Dornen lassen sich roden; nur die Minen, die „bezeichnen" dieses Land noch für viele, viele Jahre. Sagt Peter von der EUFOR.

Gott sei Dank gibt es exakte Minenverzeichnisse, und tatsächlich waren wir heute auf der Suche nach einem Minen-Warnschild für Marlenes Kinderzimmer. Nur wenn zwei Schilder unmittelbar nebeneinder stünden und eines überflüssig erschiene, könnten wir eines mitnehmen. Auch das sagt Peter. Ansonsten läuft ein anderer Gefahr, buchstäblich aufzufliegen.

Demgemäß beließen wir alle Schilder an Ort und Stelle, und Marlenes Zimmer bleibt somit weiterhin Zone innerfamiliärer Detonationen.

Der Wind bläst von der Neretva hoch. Das Wasser der Buna verströmt einen unvergleichlichen Sommerduft. Die Grillen zirpen. Die Kinder haben ihr „Flussbett" aufgeschlagen.
Panta rhei.

Inhaftiert auf dem TUI-Kreuzfahrtschiff.

Vogelfrei auf dem Camping Zlokovic / Boka Kotorska.

Am Gebirgsgrenzübergang von Montenegro nach Bosnien.

Friedhöfe eignen sich wunderbar zum Picknicken. Die Toten stört's gewiss nicht.

Literatur ...

... und Kochkultur gehen Hand in Hand. Muss nur stets von Niksicko begleitet sein.

Weißwein, eisgekühlt aus der 10 Grad kalten Buna.

Kind, überhitzt durch die morgendliche Sonneneinstrahlung ins „Flussbett".

Oh, Maria, hilf!

BUNA/MOSTAR, BIH, 26. AUGUST 2016

Sonntagmorgen in der Herzegovina. Die Glocken wollen überhaupt nicht mehr aufhören zu läuten, viertelstündlich wird zur Messe gerufen; ganze Melodien elektronischer Hochgesänge fallen wie von Übelkeit geplagt bröckelnd vom Kirchturm herunter, die Massen strömen, die Menschen stehen vor geöffneten Türen, weil kein Platz mehr im Inneren ist.

Mostar und die Taten gottlosen Greuels haben wir bereits im vergangen Jahr besucht, heuer wollten wir uns ein bisschen esoterischer der Vergangenheit dieses Landes annähern. Die Frage, ob Gott überhaupt an irgendeinem Ort auf dieser Welt wohnt, wenn nicht in jedem Menschen selbst – und ganz gleich, ob Gott oder Allah Insasse der menschlichen Seele ist – lässt sich in diesem Land nur schwer beurteilen, geschweige denn, verifizieren. Es scheint längst ein Wettrüsten eingesetzt zu haben. Da werden wirklich scharfe Geschütze aufgefahren. Zahllose Minarette zeigen mit ihren spitzen Finger-Zinnen scheinbar spöttisch auf all die Kruzifixe, die in der Herzegovina haushoch den Halbmond-Lanzetten überlegen sind. Jeden Hügel ziert eines dieser gewaltigen Golgotha-Gedenk-Mäler; Kirchtürme schießen wie träge Geschosse kreuzfeuernder Katapulte meist sogar als Twin-Towers aus der glutheißen Erde. Überall wird an Gott, den Allmächtigen erinnert und in so kultischer wie kompromittierender Manier auf seiner Existenz beharrt, ja, geradezu jeden von dieser Tatsache zu überzeugen versucht und zu dieser Meinung verdonnert. Mohammed scheint hier tatsächlich nur ein kleiner Prophet zu sein. Die Hosen an hat aber an einem ganz bestimmten Ort jemand ganz anderes: nämlich die Mutter Gottes höchstpersönlich.

„Medugorje müssen wir uns unbedingt anschauen, wenn wir schon einmal hier sind", sagt Jörg mit einem leicht spöttischen Unterton. „Denn dieses Spektakel dürfen wir uns nicht entgehen lassen." (Dazu muss gesagt sein, dass das „d" in Medugorje bezeichnenderweise von einem Querstrich „gekreuzt" ist, was dieses „d" zu einem „dsch" macht, aber meiner Tastatur reichlich egal ist. Tsss …)

Ich hab mich zuvor leider viel zu wenig mit diesem vermeintlich spirituellen Ort beschäftigt, wusste, dass dies in etwa dem „Lourdes des kleinen Mannes" gleichkommt, dafür aber ein Riesen-Brimborium darum gemacht wird. Ganze Bus-Karawanen reisen Tag für Tag in dieses kleine Dorf in den bosnischen Bergen – anstatt den Zielort an der Windschutzscheibe angeschlagen, deklariert die Destination lediglich ein schmachtend dreinblickendes Marienbild. Vornehmlich Italiener, Polen und Kroaten sind hier von der Partie. Aber selbst Araber sind uns gestern scharenweise „widerfahren", und klar, auch an vielen deutschen Autos prangt nach dem Erlebnis der Erscheinung nicht nur der geschwungene zweibögige Fisch am blechernen VW-Passat, sondern baumelt bleischwer auch der Rosenkranz symbolschwanger vom Rückspiegel.

Rosenkränze und Aluminium-Marienamulette werden hier übrigens zum Kilopreis feilgeboten. Wie Erbsen im Supermarkt sind sie hübsch in Plastiktüten abgepackt; die Amulette dagegen kommen wie im Bioladen mit der Schaufelkelle in die Tüte.

Dazu gibt es Plastikrosen, deren auf Knopfdruck zu öffnender „Kelch" Maria und das Kreuz preisgibt. Mutter-Gottes-Bilder in einem Ausmaß, das den Louvre zum Platzen brächte und Kunststoff-Marien-Statuen, von denen Disney-Land nur träumen kann. Weihwasserflaschen „to go" mit praktischer Spritz-Vorrichtung, heilige Hüte, geweihte Talare mit gruselig-kitschigen Stickereien für den heimlichen Hausgebrauch. Und Nippes, Nippes, Nippes ... Weiß Gott wofür ...

Vermutlich, weil sechs Kindern am 24. Juni 1981 auf einem Berg oberhalb des kleinen Kaffs inmitten der bosnischen Provinz abends zur allerbesten Sendezeit um 18.40 Uhr die Heilige Maria in Fleisch und Blut erschienen sein soll. Auf einer Wolke schwebend, das Jesuskindlein auf dem Arm tragend. Fürderhin tat sie dies, also das tragende Erscheinen jeden Abend zur selben Stunde. Sprach weise Worte und wies von nun an den Weg. Und fürderhin ist das Dorf auf einem guten Weg, mitsamt des scheinschwangeren Marienkultes Jahr für Jahr zu expandieren.

Ein Wunder! Und so schnell wurde aus dem Ort eine ebenso verwunderliche Versammlungsstätte für noch wundersamere Gäste aus aller Welt. Hotels und Pensionen konnten sich vor deren Ansturm gar nicht retten. Die Elternpaare der sechs „Vidioci", der sogenannten Seher, waren freilich fein raus – und mitten im Geschäft. Längst wird hier gehuldigt, was das Zeug hält, und gebüßt, was die Knie aushalten. Aber Halt! Auch im Büßergeschäft hat der Fortschritt Einzug gehalten, und es lassen sich mittlerweile recht komfortable Kniekissen aus Schaumstoff erwerben. Ich kenne diese Dinger nur aus dem Gartencenter als Unkrautjäthilfe. Aber Unkraut vergeht nicht, und lustig ist der Anblick der ganzen Rucksacktouristen allemal, an deren Backpack diese Bußhilfen unschuldig im Wind baumeln, bevor es gilt, den Erscheinungs-Hügel knielings hochzurobben.

Bevor wir uns allerdings die Überspitzung des christlichen Gedankens vor Augen führen wollten, waren wir in der sommerlichen Hitze zunächst darauf aus, zum mittäglichen Picknick an den Kravnica-Wasserfällen ein so kühles Bad wie Bier zu nehmen. Alleine waren wir an diesem zauberhaften Ort gewiss nicht, und es schien, die Reise-Routen glichen sich alle. Den meisten der „Wasserfall-Pilger" war zwar nicht ins Gesicht, dafür auf ihre umgehängte Chipkarte geschrieben, dass sie zu irgendeiner dieser Medugorje-Reisegruppen zählten. Es hatte aber alles noch Zeit. Denn die Erscheinungszeit war erst auf 18.40 Uhr festgesetzt. Man muss sich das in etwa so vorstellen wie eine Daily-Soap auf RTL. SZGZ auf Bosnisch. Schlechte Zeiten, gute Zeiten. Tag ein, Tag aus. Und alles floß. Nicht nur der Wasserfall, auch der Schweiß.

Die Kinder im Wasser, Jörg und ich „im Urlaub" beim Mittagschlaf am Beach. Noch ein paar Fotos, bevor es galt, zusammenzupacken und weiterzufahren. Schließlich wollten wir ja die Maria nicht verpassen.

Dazu gesagt sein sollte, dass meine Kamera seit Ulcinj und dem Strandleben mit ein paar Sandkörnern im Getriebe mal mehr, mal weniger gut zurecht kam. In den letzten Tagen eher weniger. Aber nach Gut-Zureden ging's dann meist.

„Einmal noch Handstand im Wasser", forderte ich Marlene dazu auf, vor der Kamera auf dem Kopf zu posieren und war entzückt, dass meine „Obscura" kaum mehr Zicken machte.

„Auf die Plätze, fertig, los!"

„Mach, Mama! Ich kipp gleich um!"

Marlene kippte, aber es klickte nicht. Die Blende wollte sich partout nicht mehr öffnen. Auch nicht nach langem Probieren, Schrauben und Gut-Zureden.

Ich war nicht nur genervt, ich war verzweifelt. Was sollte ich jetzt tun ohne Fotoapparat? Wer glaubt mir schon, was ich hier so schreibe, ohne „Beweise" dafür abliefern zu können. Und wie sollte ich um Gottes Willen den Moment festhalten?

Handy geht für mich gar nicht, denn das hat mit Fotografie nicht das Geringste zu tun. Denn wenn ich all die Handy-Knipser beobachte, frage ich mich, weshalb überhaupt Orte besucht und bereist werden. Orte, an denen von „erleben" niemals die Rede sein kann. Handy raus – ach was – einfach hinhalten. Denn längst ist das Handy mit der Hand verwachsen und wird nur dadurch seinem Namen gerecht. Also Code eingeben (falls für mehrere Sekunden nicht benutzt), idealerweise Fingerprint. Wischen, tippen, „Klick" als elektronisch generiertes Geräusch. Weiter geht's. Der Rest lässt sich zuhause anschauen. Oder auf Facebook und Instagramm posten, damit auch die „Freunde" dabei waren und ihren Kommentar dazu abgeben können.

Ohne Fotoapparat (oder mit Fotoapparat in Verweigerungshaltung) also nach Medugorje.

„Bitte, bitte, liebe Maria, jetzt hast du eine echte Chance, deine Wunder zu beweisen. Und dann glaub ich auch an dich", murmelte ich mantramäßig vor mich hin. Immer wieder schaltete ich die Kamera ein und wieder aus und vergewisserte mich, dass das Objektiv nicht (oder doch?!) funktionierte.

„So läuft das nicht", sagte Jörg schmunzelnd. „Die lässt sich nicht erpressen. Erst mal musst du an sie glauben. Die macht nur auf Vorkasse."

Mittlerweile glaube ich ja, dass sie eine ganz schöne Ulknudel ist, diese Maria. Und mittlerweile glaube ich auch, dass die weiterhin geschlossene Blende an meinem Fotoapparat zu diesem Zeitpunkt zwar ein Zufall war, mir diese Tatsache aber dennoch die Augen geöffnet hat. Denn kann es nicht sein, dass man viele Dinge erst hinter geschlossenen Augen sieht und sie dadurch umso klarer und deutlicher wahrnimmt? Und somit erst zum wahren „Seher" wird?

Die Maria um 18.40 Uhr haben wir verpasst. Es war einfach zu heiß mittags um drei. Wir wollten zum Baden. „Heim" zum Wohnwagen, der im Schatten an der kühlen Buna stand.
Ich glaube, Gott und die Welt hat Verständnis dafür.

Picknicken und baden bei den Kravnica-Wasserfällen.

Das letzte Foto, bevor die Kamera den Geist aufgab und Maria (nicht) half.

Schau, schau, Schoschonen!

NOVIGRAD, HR, 28. AUGUST 2016

Als morgens um sechs alles noch schlief und auch die Sonne selig in den ewigen Jagdgründen der noch nicht ganz in Vergessenheit geratenen Nacht ruhte, erwachte Schnarchender Schakal.

„Los, Tranige Tüte, lass uns aufbrechen. Der Tag ist noch jung und unser Weg ist weit."

„Och nee, Schakal, schnarch noch ein bisschen weiter. Oder lass uns den jungfräulichen Tag geruhsamer angehen und später das große Wasser überqueren."

„Nein, kommt gar nicht in die Tüte, wir müssen aufbrechen, bevor es der Wind uns gleichtut. Du weißt, der Große Manitu ist unerbittlich, wenn jemand gegen die Naturgewalten aufbegehrt."

Also schälten sich zwei zerknitterte Rothäute aus ihrem weißgetünchten windschiefen Tipi, schlüpften in ihr Kostüm, was aus Bikini und Badehose bestand, auf Kopfschmuck und Kriegsbemalung wurde großzügig verzichtet – schließlich waren sie in friedlicher Absicht unterwegs – sie machten den Transportsack mit der notwendigen Trinkwasserversorgung sowie die moderne Technik zwecks dokumentarischer Reproduktion startklar und stachen mit den beiden am Ufer vertäuten Kanus, die heutzutage auf den Namen „SUP" hören, ins Novigrader Meer.

Es wehte bereits zu dieser frühen Stunde eine leichte Brise. Schlechtes Vorzeichen für solch verwegene Mission.

Aber langsam …

Wir haben uns von Gaga, der Buna und Bosnien verabschiedet; der Abschied fiel schwer, in jeglicher Hinsicht. Die Abschiedsgeschenke fielen größer aus, als der kleine Preis, den Gaga für die zwei Tage verlangte. Man kommt sich dabei fast beschämt vor, aber vielleicht sollten wir langsam anfangen, diese Gastfreundschaft einfach für bare Münze zu nehmen und ein bisschen was davon ins eigene Säckel stecken, um es bei Gelegenheit an andere – so mir nichts, dir nichts – weiter zu geben. Den Raki in Teilen – oder Schlucken – in Marias Weihwasserfläschchen gefüllt, kann keiner behaupten, dass dieses „Feuerwasser" nicht heilsame Wirkung bei gleichzeitig seherischen Kräften haben würde.

Jetzt sind wir also zurück in Kroatien. Fast vermissen wir die buckeligen Pisten, die unasphaltierten Pfade, das langsame Durch-die-Geged-Tuckern. Aber nach so langer Zeit abenteuerlichen Offroad-Reisens ist so eine kroatische Autobahn schon ganz schön geil.

Auf Höhe von Zadar am Novigrader Meer haben wir nun unsere Zelte aufgeschlagen. Dieses Meerstück ist so etwas wie eine fjordartige Aus- oder Einbuchtung, die in ein so phantastisches wie traumhaft schönes kleines Meerchen mündet …

Es war einmal ein Indianer, Häuptling der Apachen. Und es wehte also eine leichte Brise.

„Sag mal, Schnarchender Schakal, glaubst du nicht, wir sollten dieses Vorhaben vertagen?", fragte verschlafen Tranige Tüte.

„Ach was, der Große Manitu ist uns gut gesonnen, und schließlich wollen wir das Pueblo am Rio Pecos noch vor Mittag erreicht haben. Gieriger Durst wartet mit einem kühlen Karlovacko im Saloon auf uns."

Viele Kilometer eines beschwerlichen Wasserweges lagen nun zu dieser frühen Morgenstunde vor den beiden Rothäuten. Die Sonne schickte sich langsam an, mit einem verhaltenen Gähnen zaghaft über die Berge zu blinzeln, ihre Strahlen blendeten die beiden Paddler auf eine Weise, die sie von göttlicher Eingebungen zu streifen schienen. Ein laues Lüftchen blies vom Land her. Sie kamen zügig voran. Nach gut einer Stunde den Canyon des Rio Pecos erreicht, frischte der Wind zunehmend auf; die Böen aus den Tiefen der Schlucht trieben tosende Wellen gegen ihre beiden SUPs. Entschlossen, das Pueblo bis Mittag zu erreichen, paddelten die emsigen Wetteiferer weiter flussaufwärts. Das Wasser peitschte gegen den Bug, das Paddeln wurde zusehends schwerer, der Wind immer stärker.

„Die Luft scheint dick zu sein. Los, lass uns von hier verschwinden, Tranige Tüte. Wir trehen um!", tönte Schnarchender Schakal, schon die Buchstaben verdrehend, so ohnmächtig taumelten seine Worte im Wind.

„Aber was ist mit Gieriger Durst, der unsere Ankunft erwartet?", tutete Tüte ein markiges Seezeichen in seine Richtung.

„Dem schicken wir eine SMS, wir seien zurück im Tipi bei Dampfender Kaffee."

Und so traten die beiden Rothäute kleinlaut und unverrichteter Dinge den Rückzug an und zogen flußabwärts wieder hinaus aufs offene Meer. Mit ihnen tat das auch der Wind, der frühmorgens noch für perfekte Rückendeckung sorgte.

„Wenigstens ist der Große Manitu auf unserer Seite", stellte Schnarchender Schakal sachlich fest, jetzt aber alles andere als verschlafen, als aus dem Wind ein regelrechter Sturm wurde und mit peitschenden Hieben den beiden Rothäuten nun doch noch zu ihrer Kriegsbemalung verhalf. Der Schakal also, im weiteren Verlauf als Fuchtelnder Albatros bezeichnet und Tranige Tüte als Paddelnde Ente mit einem weitaus authentischeren Gefieder ausgestattet, nahmen die Fahrt mit dem Wind auf.

Auf dem Wasser spielten sich nun dramatische Szenen ab. So dramatisch, dass Karl May diese Einstellung unmittelbar abgebrochen und „Aus!" gerufen hätte. Aber an Ausstieg war nicht zu denken. Während Fuchtelnder Albatros recht gut die Richtung halten konnte, trieb Paddelnde Ente immer weiter ab. Der Sturm blies von der Seite; das sichere Fort mit den heimischen Tipis befand sich auf der anderen. Das SUP samt Ente flog über die tosende See, Gischt schäumte um den Bug, wie Flocken von Schnee …

„Ich kann nicht mehr! Ich bin am Ente!", schnatterte verzweifelt das Federvieh.

„Halt entlich den Schnabel, Ente! Und paddle!", argumentierte Albatros völlig vergeblich gegen den Wind.

„Ich werde ertrinken, wenn mir der Sturm das Brett unter dem Bürzel wegreißt!"

„Eine Ente ertrinkt nicht! Mime jetzt bloß nicht die Diva." Fuchtelnder Albatros war genervt aber so sehr mit sich selbst beschäftigt, dass er alle Nerven für sich und sein SUP in Anspruch nehmen musste.

Bis eben Paddelnde Ente ihre Waffen, ergo ihr Paddel streckte und direkt auf ein Riff aufprallte.

„Ich hab doch gesagt, du sollst Abstand halten, denn die

scharfkantigen Felsen zerfetzen bei diesem Sturm und bei dieser Wucht sofort das Brett!" Fuchtelnder Albatros war am Fuchteln. Vergeblich. Und auch die Ente war nicht mehr am Paddeln, sondern quakte – zwischen den Felsen hin und her gespült – nur noch um Hilfe.

Die beiden Rothäute Fuchtelnder Albatros mit Nicht-mehr-paddelnder-Ente im Schlepptau erreichten schließlich irgendwann und eher an zwei erschöpfte Bleichgesichter erinnernd das Fort mit Müh und Not.
Die Ente lebt! Pierre Brice ist tot.

Der Plot:
Ich wollte unbedingt in den Zrmanja-Canyon, der ins Novigrader Meer mündet und Schauplatz fast aller Winnetou-Filme war. Jörg wollte das zwar auch, aber bloß nicht mit einem dieser Touristen-Tucker-Kähne und schon gar nicht auf einer organisierten Kanu-Safari.

„Dann paddeln wir da frühmorgens hin, solange es noch keinen Wind hat", war sein Vorschlag. Der sportliche Aspekt sollte dabei natürlich nicht zu kurz kommen.

Am Abend zuvor bei Meeresrauschen, Sternschnuppen und reichlich Wein, fand diese Idee durchaus Anklang bei mir … und ich kam mir sowas von sportlich vor!

„Wie weit ist das denn?", wollte ich dann doch wissen.

„Vier Kilometer hin, vier zurück und vielleicht noch einen Kilometer rein und wieder raus." Ist machbar!

Bei optimalen Bedingungen. Und damit fing's heute morgen schon an …

Jetzt begebe ich mich in den Liegestuhl und lecke meine Wunden. Die Blasen an den Füßen von den ripsenden Teva-Sandalen, die Schwielen an den Händen vom bis zur Erschöpfung betriebenen Paddeln, die gezerrte Schulter von der Schräglage, der hängende Arm von der einseitigen Überlastung.

Aber ich hör ja schon auf zu jammern! Denn ein Indianer kennt keinen Schmerz.

(Diese Mar beschreibt übrigens das Szenario verhältnismäßig beschönigt und harmlos.)

„Du, entschuldige, i kenn di ..."

DELLACH, A, 31. AUGUST 2016

„Gott gebe allen, die mich kennen, noch zehn mal mehr als sie mir gönnen." Mit dieser Inschrift am Hof der Familie Neubauer sind wir heute am späten Nachmittag in Kärnten begrüßt worden.

Wir haben also endgültig Abschied genommen von Balkanien. Nach fast fünf Wochen wurde das auch langsam Zeit. Denn nicht nur das Heimweh hat in den letzten Tagen an uns genagt. Auch fingen wir schon an, im staubigen Hitze-Delirium von gemähten Wiesen, grünen Almen, alpenländischer Gemütlichkeit und Allgäuer Kühen zu phantasieren. Tomaten, Paprika, Gurken, Weißkraut, Zwiebeln, Cevapcici ... irgendwann hat man genug davon und ist vermutlich noch lange am Widerkäuen. Dann sehnt man sich nach Gewittern und Regen, nach Spätzle mit Soß', nach kühlen Abenden nicht im Bikini, sondern in Rumlümmel-Jogginghosen und Daheimrum-Socken, nach fallenden Blättern und fallendem Obst.

Der Herbst scheint hier eingekehrt zu sein. Nicht auf den ersten Blick, denn tagsüber hat immer noch die Sonne Oberwasser. Aber die Abende sind gekennzeichnet vom ermatteten Sommer mit seinem müden Blick zurück auf ausgelassene Zeiten unbeschwerten Easy Goings.

Jetzt sitze ich hier an den Gestaaden des Millstätter Sees unter einem imposanten Apfelbaum, ständig schweben rotbraun-gefärbte Blätter auf meine Tastatur, und hin und wieder purzelt ein Apfel auf meinen Kopf.

„Autsch!"

Marlene lacht und freut sich: „Das fühlt sich hier wieder an, wie daheim. Ob wohl unser Mais reif ist und alles, was sonst noch im Garten wächst?"

Vieles fühlt sich wieder an wie daheim. Da empfinde ich die Inschrift am Neubauer-Hof nur als eine symbolische Geste, die das Leben hier ausdrückt und dennoch so ganz und gar nicht in den Kontext der imaginären Inschrift eines jeden albanischen Hauses passt. Irgendwie umfängt mich ein befremdliches Gefühl, denn in dieser Fremde habe ich tatsächlich ein Stück Heimat erfahren. In all den Begegnungen auf unserer weiten Reise in den tiefen Süden Albaniens hatte das Wort „Gönnen" zu keiner Zeit jedwede Bedeutung. Ich bin mir sicher – und so sehr die Albaner in ihrer wortarmen Diaspora noch als Entwicklungsland gelten – existiert dieses Wort überhaupt nicht im albanischen Wortschatz. Denn dem Wort „Gönnen" gehört – um es überhaupt zur Geltung zu bringen – ein anderes Wort entgegen gesetzt, nämlich „Neiden". Und Neid ist in Albanien buchstäblich ein Fremdwort. Grundsätzlich und in allen Sprachen.

„Ihr hobt's viellaicht Neavn, den Wohnwog'n offen steng loss'n!"

Unser Münchner Wohnwagennachbar (die bayerische Flagge übrigens über dem Sulzemoos-Aufkleber stolz gehisst) tritt zu uns an den Tisch, als wir nach fünf Wochen nichts weiter wollen, als uns demütig einem kalten „Sturz-Wäßbia" in der Wirtschaft hinzugeben.

„I hob dann amoi bai aich ois drum rum zua gmocht."

„Warum? Der Wohnwagen und auch das Auto standen die letzen fünf Wochen Tag und Nacht offen?", versuchen wir unsere innere Gesinnung auf das Vertrauen und die Gastfreundschaft der Menschen setzend unsere Gewohnheit zu erklären.

„Ihr hobt's vergess'n, ihr said's zruck in Österreich", fügte er mit der Attitüde eines Franz Josef Wanningers samt seiner unlauteren Methoden an.

Eins zu Null.

Wir sind also zurück in Österreich.

Ich hasse aufgesetzte Freundlichkeit. Ich hasse österreichische Gemütlichkeit. Zumindest dann, wenn sie ein Alleinunterhalter immer nur donnerstags zum Besten gibt. Ein blöder Tag, um anzureisen ...

„Du, entschuldige, i kenn di ..."

Zum Glück ist nicht jeden Tag Donnerstag, und zum Glück herrscht hier am Campingplatz ein tägliches Kommen und Gehen.

Leichtes Gepäck

DELLACH, A, 1. SEPTEMBER 2016

Wie bereits mehrmals geäußert: man gewöhnt sich an alles. Und da ist der Mensch zum Glück recht einfach gestrickt. Nach dem gestrigen zu erwartenden Culture Clash haben wir uns bereits heute in der Zivilisation des Kärntner Komödienstadls recht gut akklimatisiert. Wir nehmen also wieder Teil am regen Leben alltäglicher Absonderlichkeiten. Mit dem kleinen Unterschied, dass man nach einiger Zeit in einem faktischen Entwicklungsland einen anderen Blick auf die Dinge entwickelt hat. Von diesen Dingen kann man eben auf ganz schön viele verzichten, von denen man immer geglaubt hat, sie dringend zu benötigen.

Mit leichtem Gepäck sind wir vor fast fünf Wochen aufgebrochen und haben recht bald festgestellt, dass wir immer noch viel zu viel Ballast mit uns rumschleppen. Klamotten, von denen zwei Drittel ungebraucht im Schrank schlummern; Geschirr, wovon mindestens die Hälfte nie verwendet wurde; Lebensmittel, die wir zum Teil wieder mit nach Hause tragen, weil wir erstens nicht in Äthiopien unterwegs waren, weil es zweitens überall etwas zu kaufen gab, weil drittens aus so wenig so viel gemacht werden kann, weil viertens die Gastfreundschaft alles übertrifft, was wir je erlebt haben und hungrige Gäste für den Gastgeber unvorstellbar sind, und weil fünftens Sauerkraut mit bayerischen

Weißwürsten oder Berner Rösti mit Speck einfach nicht so recht passen wollten. Jetzt aber passt hier auch nix so recht, zumindest nicht, was das marketenderische Überangebot an Lebensmitteln als auch die touristische Vermarktungen anbelangt, und irgendwie scheint von allem viel zu viel angeboten zu sein.

„Golfplatz" war das erste Wort, das gestern nach Abfahrt von der Autobahn vor uns aufgetaucht ist. Und dann wollte es überhaupt nicht mehr abtauchen. Scheinbar führten alle Wege nach Golfplatz.

„Braucht die Welt Orte, die sich Golfplatz nennen?", fragte ich Jörg.

Er war sich auch nicht ganz sicher. Womöglich aber stieg uns einfach das grüne Grün im Übermaß zu Kopf.

„Braucht die Welt Vegan-Magazine?", fragte ich noch viel verwunderter im Billa-Supermarkt weiter. Am Allerverwunderlichsten fand ich aber den Teaser des Magazin-Titels, der Lust auf den Inhalt dieses Printproduktes machen sollte: „Veganes Leder aus Ananas". Jetzt fragt sich natürlich der Nicht-Veganer, was erstens der Energieaufwand ist, um solch ein Pseudo-Leder herzustellen, zweitens, was es bedeutet, ganze Ananasplantagen zu kultivieren, um schließlich Schuhe daraus zu produzieren, drittens, was es für eine Umweltsauerei wäre, die vermeintlichen Rohlederlieferanten zu importieren und last but not least, worin überhaupt der Sinn zu sehen ist, wenn rein gar nichts an tierische Herkunft erinnern sollte. So, wie mir auch der Sinn von Sojawürsten, Sojaschnitzel, Sojamilch und artifiziellem Eiersatz verschlossen bleibt, sich dadurch aber ein lukratives Marktsegment auftut. Müssen denn Ersatzprodukten sein, die so tun, als seien sie „das Original" höchst (un)persönlich, aber in Herstellung und Energieaufwand um ein Vielfaches größer sind als das Natürliche?

Das ist natürlich eine ebenso müßige wie leidige Diskussion. Aber auch hierbei lassen sich neue, andere Blickwinkel erschließen. Gerade auf so einer Reise in Regionen, die nichts weiter zu bieten haben, als das, was die Menschen mit ihren Händen selbst kultivieren, anbauen und artgerecht halten, erscheinen solche Luxustrends und -Probleme tatsächlich recht dekadent. (Ich weiß, ich werde hier an vielen Stellen anecken, aber selbst von unseren Kindern, die im Umgang mit Tieren sehr kritisch und bedacht sind, wurde ein Tier, sei es eine Kuh, ein Schwein, ein Schaf, eine Ziege oder ein Huhn mit großem Respekt und hinsichtlich seines Lebens in freier Natur mit ebenso großem Genuss gegessen. Nie durfte etwas davon übrig bleiben, geschweige denn, weggeschmissen werden. „Denn das bin ich dem Tier schuldig", sagt Marlene.)

Was also is(s)t der Veganer, wenn nicht Fisch, nicht Fleisch? Gleich am Eingang im Billa-Markt steht ein hübsch dekoriertes Gemüseregal. Vom Hochglanz-Plakat lächelt ein smarter Südamerikaner herunter, das Branding der feilgebotenen Trendgemüsen verweist auf den imaginären Herkunftsort „San Lucar". Aus „San Lucar" kommen klitzekleine Tomätchen in Rot, Gelb, Grün, Orange, ja, sogar in Lila. Alle in Einheitsgröße und Einheits-Eierform. Aus „San Lucar" kommen auch Gürkchen, die mit einer frischen Gartengurke nicht nur geschmacklich nichts mehr gemein haben, außer höchstens ihre phallische Form, wobei hier das kleine Gürkchen groteskerweise dem großen laut Werbung vorzuziehen ist. In diesem Land der Wundergemüsen wachsen obendrein Paprikaschötchen in allen erdenklichen Farben; von wachsig-weicher Anmut, formvollendet, eines wie das andere; haltbar vermutlich bis zum Sankt-Nimmerleinstag. Auch birgt dieses Vegetabel-Wonderland eine unüberschaubare Vielzahl an Plastikbechern mit „praktischer Spendevorrichtung" in einer Größe, die jedes dieser konfektionierten Gemüschen, eins ums andere, entweder in die Hand oder idealerweise direkt in den Mund befördern. „Vegetables to go" in der stylischen „Green-Box", nennt sich dieser Trend, und auch die To-Go-Vorrichtung (also der Plasitk-Becher mit Loch im Deckel) ist ein Produkt von „San Lucar".

Was weiß so eine scheinbare Tomate schon von einer unscheinbaren echten? Von der jede eine andere Form hat, mal etwas angemackelt ist, mal klein, mal groß, aber einfach nach Tomate schmeckt? So ergeht es auch der Gurke und dem Paprika. Vermutlich noch nie die Sonne gesehen einem Gewächshaus entwachsen, welches reines Hors-Sol-Gemüse produziert. Nicht in San Lucar. Aber in Holland, in Spanien, in Südafrika. Und der lächelnde Südamerikaner ist in Wahrheit ein ganz armes Schwein, das aufgefressen wird von der Industrie.

Was man übriges auch nicht braucht, sind Heumilch-Schokolebkuchen, nicht Anfang September, noch nicht einmal im tiefsten Winter. Und ich persönlich brauche auch nicht den Heu- und Bauernhof- und Alm- und Volksmusik-Zauber. Aber ich kenne diesen Zauber nur allzu gut. Denn die Bilder gleichen sich alle. Ob hier oder dort, in Kärnten, in Tirol, in Vorarlberg, Liechtenstein oder am Bodensee. Glückselige Paare, die vierhändig Landkarten halten und sich dabei schmachtend in die Augen blicken. Liederlich geschnürte Bergschuhe an den Füßen, die Freudensprünge über Stock und Stein vollführen. Kinder, die auf Ziegen starren, dabei verzückt lächeln und immer erst im Rudel nicht nur niedlich und authentisch, sondern formatfüllend die Magazine, Broschüren und Homepages dekorieren. Stereotypen über Stereotypen …

In der „Zeit" – die bislang unsere einzige Schnittstelle zur Außenwelt war – war diese Woche ein schöner Artikel: „Keine Burka für Heidi". Das ist nur eine Art von Sittenstrenge. Premiumwanderwege sind die andere.

Der Kärnter Hochglanzflyer suggeriert „See- und Berg-Berührungen" (leider fehlt meiner IPad-Tastatur das eingekringelte „R" für „Registered Trade Mark"). Es wird also vermarktet und rechtlich geschützt, was das Zeug hält. Alm-Taxis brausen durchs Gebirg, bringen schlappe Wanderer von A nach B; die Wanderwege tragen so lustige Namen wie „Deomir-Erzählweg", „Krebswandermeile", „Weg der Liebe – Sentiro dell Amore", „Granattorsteig".

Ich brauche weder den Krebs auf dem Berg noch das Granattor zur Liebe. Mir ist einfach nach Gipfelkreuz und Almwirtschaft zu Mute. Und nach ein bisschen Wildnis und Einsamkeit in den Nockbergen.

Nachdem wir heute den ganzen Tag geradelt sind und sämtliche touristischen Hotspots, samt des grauenhaftesten und verrücktesten Campingplatzes vermutlich weltweit – Camping Burgstaller – auf unserer Radtour abgeklappert haben, wandern wir morgen los. Ohne Weg und ohne Ziel. Ohne Prospekt, ohne Anleitung. Dafür mit Luft nach oben. Vor allem aber mit leichtem Gepäck.

Faria, faria, ho

DELLACH, A, 3. SEPTEMBER 2016

So lustig das Zigeunerleben auch ist, irgendwann sollten wir wieder zurück in die Zivilisation finden. Kärnten war da nun schon ein ganz guter Anfang. Jetzt wird es wirklich höchste Zeit, dass wir unsere Zelte endgültig abbrechen. Wieviel Zeit zwischen unserem Aufbruch vor fast fünf Wochen und unserem wehmütigen Abschied von diesem großen Abenteuer liegt, lässt sich mitunter an der Sonnenuhr ablesen, die längst ihre Sommerstunden gezählt hat und langsam aber sicher den Herbst einläutet. Die Zeit lässt sich auch ablesen an ein paar kleinen Ringen um die Hüftgegend (die hoffentlich und bei eiserner Disziplin bis zum Gehrenberglauf wieder gänzlich verschwunden sind), auch lässt sich die Zeit buchstäblich an den Haaren herbeiziehen. Und daran ließ sich so sehr ziehen, dass ich heute morgen die dringende Notwendigkeit empfunden habe, einen „Berber", also einen Frisör in Millstatt aufzusuchen. Denn ansonsten würde die Gefahr bestehen, dass mich mit „langen" strohblonden Haaren zuhause keiner mehr erkennt

Langsam heißt es also, wieder in den Alltagsmodus zu schalten. Den heutigen Tag allerdings haben wir noch einmal genutzt, um dieses mir nach wie vor suspekte Kärnten aus der Vogel- beziehungsweise Gipfelperspektive zu betrachten.

Nach dem gestrigen Vorgeschmack hat uns nun heute also die geballte Wucht des touristischen Marketingkonzepts dieses alpenländischen Disneylands mit voller Breitseite getroffen. Und dabei wären sie so schön, diese Berge. Wenn sie nur nicht von den Menschen so malträtiert und mit Füßen getreten würden. Dass die Bergsteige längst und allesamt putzige Namen tragen, kennt man auch vom Bodensee. Dass so ein Versprechen stets zum Erlebnis werden soll, auch das ist nichts Neues. Kleine und große Tafeln in regelmäßigen Abständen verweisen andauernd auf irgendeines dieser Bergerlebnisse. „Ort der Kraft", „Stein der Ruhe", „Potenzwasser" (ja, „Potenzwasser" steht da an einem Bächlein, an dessen munterem Springquell ein Metallbecher angebracht ist, aus dem jeder(mann) trinken kann!). Sitzgelegenheiten, die in ihrem Design an futuristische Liegen beim Psychotherapeuten für großstadtmüde Geschäftsleute erinnern und Tische und Bänke an allen Ecken und Enden zur inneren Einkehr aufrufen. Denn wer sitzt heutzutage noch auf dem Boden, der nicht Yoga im 5-Sterne-Holiday-Resort gebucht hat? So geht es auf diesem Kreuzweg weiter von Station zu Station. Bis das Gipfelkreuz erreicht ist, oder eben das Granattor anstelle dessen. Man kann übrigens nichts falsch machen auf diesen Steigen. Sie sind quasi idiotensicher. Denn Verlaufen ist völlig ausgeschlossen. Erstens, weil weit über der Baumgrenze ganze Schilderwälder es unmöglich machen, vom Weg abzukommen. Und zweitens, weil man vom Sog der Prozession einfach mitgezogen wird.

Jetzt denkt man – erst mal oben am Gipfel angekommen – an eine zünftige Brotzeit. Von wegen! Hier wird nicht gevespert, hier wird getafelt oder vielmehr diniert. Das scheint der letzte Schrei in der Vermarktung der Kärntner Bergwelt zu sein.

„Tafeln" an allen (un)erdenklichen Plätzen. Man muss sich das in etwa so vorstellen: Auf über 2.000 Meter Höhe werden gigantische Holztische und schicke Bänke aufgebaut, die zuvor mit gewaltigem Gefährt auf den Gipfel gebracht wurden. Dann wird eingedeckt. Leinene Tischtücher, weißes Porzellan, Silberbesteck, eine ganze Glasmenagerie. Und es wird dekoriert, was das Zeug hält. Von einer eigens dafür hochbestellten Dekorateurin. Die Speisen sind übrigens auch hochbestellt und werden pünktlich automobil angeliefert. Mitten in freier Wildbahn auf felsigem Grund. Ein Top-of-the-World-Dixieklo habe ich übrigens keines entdeckt. Aber auch dafür wird es eine Lösung geben.

„Die Gäste kommen um 14 Uhr", erklärt uns die dauerdekorierende Dame freundlich, arrangiert dabei weiter ihre Teller mit geschliffenen Karfunkelsteinen, Preiselbeersträußchen, Herzen und Schildern mit der Inschrift „Alles Liebe". Fraglos, es ist hübsch anzusehen. Und vor dieser Kulisse ist das gewiss ein gewaltiges Bild.

„Und die Gäste, wie kommen die hoch?", frage ich.

Die würden unten an der Alm mit einem Gästeführer loswandern. Das darf durchaus mit einem Almauftrieb verglichen werden, was im Prinzip auch nichts anderes ist. Nur dass die Kühe in diesem Fall Touristen sind und der Geißenpeter ein Gästepaule ist. An diversen Stellen sind „Tränken" und „Futterstationen" aufgebaut, die Fußlahmen werden natürlich mit dem Alm-Taxi auf den Gipfel gebracht.

Endlich oben angekommen, ist dann tatsächlich immer lauter werdendes Geläut zu vernehmen. Nicht von Kuhglocken und auch nicht von den Ziegen, denn die haben längst das Weite gesucht. Aber von den Handys.

Jörg regt sich immer auf, wenn ich mich so aufrege.

„So läuft das", sagt er, „diese Region lebt fast ausschließlich vom Tourismus. Du tust das doch auch."

Trotzdem ... ich weiß nicht so recht ... Wenn etwas keine Dekoration nötig hat, dann ist es diese Bergkulisse. Sie hat auch keine „Wanderer" nötig, die nichts weiter wollen, als Urlaubserlebnisse und Events auf dem Silbertablett präsentiert zu bekommen. Vielleicht ist das aber einfach die falsche Urlaubsdestination für mich. Obwohl's den Kindern unumwunden gefallen hat. Auch den Camping Burgstaller fanden sie im Vorbeifahren cool. Fast so cool, wie den Europapark.

Jetzt sind wir also am Einpacken. Die Vorräte gehen zwar immer noch nicht zur Neige, und auch die Klamotten würden noch lange reichen. Heute Abend habe ich endlich meinen Faserpelz wieder angezogen. In der Tasche habe ich das Kärtchen von Aleksandar und seinem kleinen Kamp „Evergreen" in Pluzine in Montenegro gefunden. Das war der einzige Abend, an dem es kühl war und uns ein gewaltiges Gebirgsgewitter in den Wohnwagen gezwungen hatte.

Mitunter lässt sich noch vieles mehr nach so langer Zeit und so vielen bereisten Orten im Chaos unseres mobilen Heims finden. Hexenblut aus Albanien, Spülmittel aus Bosnien, Olivenöl aus Montenegro, kroatische Kulen, österreichischer Bergkäse. Jedes dieser Fundstücke erzählt eine Geschichte und hinterlässt Erinnerungen. Manche dieser Fundstücke werden im Wohnwagen noch lange, oder gar für immer ihre Spuren hinterlassen. Wie etwa das kleine Bildchen von Gaga. Die Geschichten aber, welche die imaginären Bilder erzählen, bleiben auch dann bestehen, wenn dank des Hexenblutes über unzählige Wunden Gras gewachsen ist (wie übrigens auch über meinen „bosnischen Hinkefuß", der immer noch nicht ganz genesen ist), alles Geschirr wieder rein gewaschen ist, Öl, Wurst und Käse längst gegessen sind.

Das letzte mal im Wohnwagen schlafen – und die Kinder eine letzte Nacht unterm Sternenhimmel.
„Look at these iron girls", zeigte sich gestern morgen unser dänischer Nachbar völlig ungläubig über das nächtliche nächtelange, tagelange, wochenlange Star-Watching der Kinder. Unser Münchner Urgestein hingegen war da wesentlich pragmatischer: „Aufgstond'n wiad! Do kennt's a mia glai höf'n."

Unsere beiden „eisernen Ladys" hingegen freuen sich einfach nur auf daheim. Auf den Alltag. Auf das Ende dieses Zigeunerlebens und ja, sogar ein bisschen auf die Schule.

Faria, faria ... farewell.

Griaß di, Gallusstraß'!

MARKDORF, D, 4. SEPTEMBER 2016

Am Sonntag, den 31. Juli sind wir gegen 16 Uhr Ortszeit für fünf Wochen aufgebrochen in das Abenteuer Balkanien 2.0. Mit geringfügiger Verspätung sind wir also nun am 4. September um 18.02 Uhr allesamt wieder wohlbehalten in Markdorf in der Unteren Gallusstraße in den sicheren Hafen der Heimat eingelaufen. Mit dem neuen Glücksschwein war natürlich auch das alte „Notfall-Büchle für Albanien-Reisen" mit an Bord. Das Glücksschwein hat uns treue Dienste geleistet und uns viel Zuversicht und Freude beschert. Und auch das Notfall-Büchle hatte am letzten Tag tatsächlich seinen ersten wirklichen Einsatz.

Ein echter Notfall, die Mautstation vor dem Tauerntunnel! Alles Geld bis auf den letzten Cent, Lek, Fening, Kuna aufgebraucht. Schreckschock! „Wir können den Tunnel nicht bezahlen", ruft Jörg entsetzt. „Doch! Hinten im Notfallbüchle stecken immer noch die zwanzig Euro von Bine vom letzten Jahr", fällt es mir wieder ein! Elf Euro achtzig hat der Tunnel gekostet. Bleibt sogar noch was übrig für weitere Notfälle!

Und jetzt?

Jetzt fragt man sich erst mal, was man alles vermisst hat in dieser langen Zeit. Fragt man die Kinder, sind es zunächst die Freunde und die buchstäbliche „Freizeit"; es ist aber auch der

Garten, die Erbsen, der Salat, der See, die Katzen, das Grün der Wiesen, der stetige Wechsel des Wetters. Vor allem aber ist es das Vertraute, das Heimische, das Gewohnte, das Liebgewonnene, das lange in weiter Ferne hinterm Horizont verschwunden und gedanklich doch so nah war.

Fragt man mich, muss ich mich den Kindern in manchen Vermissens-Angelegenheiten anschließen. Fragt man aber weiter, was wir auf dieser Reise gewonnen haben, so erstrahlt nicht nur das Grün der Wiesen durch diese neuen Welt- wie Weitblicke grüner, ist nicht nur der See blauer und das Wetter niemals mehr schlecht (denn nur des Regens wegen sind die Wiesen so grün), und dem Liebgewonnenen und Vertrauten gedeiht eine ganz neue, beinah sakrosankte Bedeutung an.

Wir haben die Fremde und die Weite kennengelernt. Und Nähe „erfahren". Im wahrsten Sinne des Wortes. Je weiter wir uns Kilometer um Kilometer von Zuhause entfernt haben, waren wir angewiesen auf andere Menschen, auf deren Hilfe und deren Gastfreundschaft. Denn so autark, wie wir immer taten, waren wir gar nicht. Auch wenn uns der Wohnwagen immer ein Dach über dem Kopf geboten hat und uns stets ein Stück Heimat war, war es nichtsdestotrotz ein gutes Gefühl, unter dem Schutz und dem behütenden Auge anderer Menschen zu stehen.

Klar, der Mitschuh hat Höchstleistungen vollbracht und sich echt einen Orden verdient, denn mit dem alten Golf wäre diese Reise zum regelrechten Himmelfahrtskommando geworden. Dennoch sind wir hin und wieder an unsere Grenzen geraten. Sei es auf einer bosnischen Gebirgsstraße mit „überhöhter" Steigung, zu vielen zu engen Kurven und einem fetten LKW gewesen; sei es die beinah unüberwindbare Hürde des Llogara-Passes gewesen; vor allem aber war es mit dem Erreichen unseres Zieles, der Lagune von Butrint, das Gefühl, verdammt weit weg von daheim zu sein. Nicht, dass sich diese Distanz mit dem Flieger nicht gut überbrücken ließe, aber mit dem Wohnwagen im Schlepptau und den verkehrstechnischen Herausforderungen war mit einer mehrtägigen, wenn nicht sogar mehrwöchigen Reise durchaus zu rechnen.

Manchmal lag es aber einfach an meinen Selbstzweifeln. Und da muss ich immer wieder an die beiden Polen zurückdenken, die uns am hanebüchenen Holzbrücken-Grenzübergang von Bosnien nach Montenegro mit ihrem Wohnwagen entgegengekommen sind. Da war ich mal kurzzeitig und hinsichtlich der Straßen-, Steigungs-, Brücken- und Zollverhältnisse ziemlich am Ende meiner nervlichen Belastbarkeit (denn kein Mensch fährt hier mit einem Wohnwagen entlang!). Daumen hoch, Lachen im Gesicht, Optimismus und Zuversicht ausstrahlend zogen sie an uns vorbei, winkten aus den offenen Fenstern: „No problem!" In diesem Moment tat das ganz schön gut! Anything goes. Panta rhei. Sogar im zähfließenden Grenzübergangsverkehr. Und die Brücke? Die wird schon halten und breit genug sein! Schließlich kamen die beiden da auch rüber.

Von der Sprache verstanden wir reichlich wenig, was aber gar nichts ausmachte. Denn Albanisch unterscheidet sich so ganz und gar vom Slawischen, wozu wir hierzulande ja bereits jahrzehntelange Gelegenheit hatten, dieses weiche Zungenstoßen in unseren touristisch-relevanten Sprachschatz aufzunehmen. Die Grammatik des Albanischen indes erschloss sich mir erst nach und nach beim Studieren der Ortsschilder und Landkarten bezüglich seiner bestimmten und unbestimmten Form, vor allem aber durch Nachfragen, was wie heißt und weshalb was so oder so geschrieben wird. Kommunikation war selbstredend, Englisch der kleinste gemeinsame Nenner. Die wichtigsten Begriffe lagen mir besonders am Herzen: Guten Tag. Auf Wiedersehen. Bitte. Danke. Alles andere ergab sich von allein.

Was sich mir aber bis zum Schluss nicht erschloss, war das Verkehrsverhalten der Albaner. Nicht, dass dies ein aggressives Verkehrsverhalten gewesen war, ganz im Gegenteil. Es war und ist dies von einem selbstverständlichen Chaos geprägt, das schon wieder seiner eigenen Ordnung folgt und auf das jeder mit ebenso großem Selbstverständnis reagiert. Mein verkehrsregelnder „Einsatz" am Llogra-Pass sei da nur als ein Beispiel angeführt. Wie schnell man sich solche Gepflogenheiten doch aneignet. Warnblinker an, Motor aus. Egal wo man steht und fährt. Aussteigen. Alle anhalten. Das läuft immer! Jeder fährt drum rum oder wartet stoisch ab, keiner hupt (höchstens zum Überholen, was übrigens eine gute Sache ist). Den Vogel übrigens zeigt auch keiner, einzig vielleicht in den 24 Federn des Wappentieres am Wimpel, auf den die Albaner besonders stolz sind und der für die 24 geschlagenen Schlachten Gjergj Kastriot Skanderbegs gegen die Osmanen allerorts im Winde weht.

Kastriot heißt auch jede zweite Tankstelle und versucht namentlich auf ätherische Weise dem Nationalhelden nahe zu kommen. Wenig heldenhaft, denn der Spritverbrauch war mit Wohnwagen ziemlich hoch. So haben wir haufen-, ja hektoliterweise Benzin verfahren und in den Städten die Abgase der alten Mercedesse eingeatmet. Der Mathematiker unter uns hat noch Urlaub, ich dagegen kann's nicht mal grob umreißen. Was ich ungefähr abschätzen kann ist eine gefahrene Strecke von knapp 5.000 Kilometern.

Auf 5.000 Kilometern passiert viel, und man passiert viel. Keinen Kilometer davon möchte ich missen. Nicht jene zäh dahinfließenden auf dem Autoput und auch nicht jene „kurzen" 15 zum Boracko Jezero, welche gefühlt die längsten Kilometer meines Lebens waren. Denn das gehört zu einer Reise so sehr dazu, wie zum ganzen Leben. Gute wie schlechte Zeiten. Höhen und Tiefen und manche Steigung, die es zu überwinden gilt.

So vieles möchte ich nicht missen, das mir unser Leben hier im mäßig begünstigten Sommer dadurch umso wertvoller erscheinen lässt. Aber einiges werde ich vermutlich mein Leben lang vermissen. Sofern ich dieses Land Albanien, überhaupt ganz Balkanien, nicht wieder bereisen werde(n würde …)

Vermissen würde ich vor allem die vielen unerwarteten und zufälligen Begegnungen. Von solchen Begegnung bleibt ganz schön viel hängen. Auch wenn man sich vielleicht nie wieder im Leben begegnen wird. Mit Stephan und Heidi werden wir vielleicht über unsere Blogs in Verbindung bleiben; Gudrun und Frank sind ein wunderbarer Beweis, dass man auch mit einem großen, schweren Fendt-Wohnwagen so eine Reise wagen kann; Verena und Hendrick sind wir ewig in Dankbarkeit verbunden, da sie uns die einsturzgefährdete Brücke erspart und uns vielleicht vor einer Katastrophe bewahrt haben. Elisabeth und ihr Freund aus Nürnberg „verfolgen" uns weiterhin und werden im Winter vielleicht auf das neue Buch stoßen, und auch mit Zhanisa und Julian bleibe ich über Facebook in Kontakt. Man sollte sich aber niemals vornehmen, sich wieder zu treffen oder Kontakte zwanghaft aufrechtzuerhalten. Aus Erfahrung klappt so etwas nie! Umso größer ist dann die Freude, wenn man sich irgendwann zufällig an einem völlig unerwarteten Ort wieder über den Weg läuft. Wie Helmut und Tilli aus Fürstenfeldbruck in Ulcinj.

Was haben wir noch gelernt?

Außer einem erweiterten Wortschatz und einem daraus resultierenden lustigen Kauderwelsch haben wir einige Buchstaben aus einem imaginären verstaubten Scrabble-Säckchen herausgekramt und zu zwei in Vergessenheit geratenen Wörtern zusammengestückelt. „Demut" und „Dankbarkeit" kam dabei heraus. Das ist zunächst gar nicht so einfach, diese beiden Begriffe in unseren Sprachschatz zu integrieren. Denn diese Twin-Terms haben wir längst ersetzt durch „Geschäft" und „Kaufkraft" oder „Leistung" und „Gegenleistung". Bezahlt wird mit barer Münze oder Kreditkarte, der Deal besteht in einem angemessenen Produkt oder einer entsprechenden Dienstleistung. Da ist ein „Danke" nicht vonnöten, handelt es sich doch lediglich um einen wirtschaftlichen Handel. „Ich gebe dir Geld, du bietest mir Nachtquartier und Logis." Wenn hierbei nun aber etwas ins Ungleichgewicht gerät, geraten wir schnell an die Grenzen unseres Sprachschatzes. Es fehlen uns schlichtweg die Worte. „Das können wir nicht annehmen", stammeln wir beschämt ein paar Phrasen und wollen unmittelbar ein monetäres Gegengeschäft anbieten. Man würde sich dadurch gleich besser fühlen, denn so viel Gastfreundschaft und so viel unvoreingenommene Herzlichkeit sind wir nicht gewohnt.

Für den Albaner indes wäre es beschämend, wenn wir diese Gastfreundschaft nicht annehmen würden oder für all die aufgetragenen Speisen und Getränke mit Geld bezahlen wollten. Manche Dinge sind schlichtweg unbezahlbar. Und dann ist mit einem einfachen „Danke!" mehr gesagt als mit tausend Worten.

Faleminderit!

Und zuhause?

Die Tomaten sind von den Nachbarn gegessen (zum Glück der Kinder), der Zuckermais ist reif (Yippiehh!), die Karotten sind in diesem Jahr (mal wieder) klein und krumm geraten, aber lecker; die beiden Kater Karle und Konrad laufen sich vor dem Sofa Rang und Namen ab; der Wohnwagen ist geputzt, der „wandernde Küchenblock" wieder fixiert und auch sonst einige gelöste Schrauben nachgezogen; der Beschluss ist gefasst, der Hobby packt das nochmals; der Mitschuh wird noch diese Woche gewaschen, damit er wieder aussieht, wie ein ordentlicher Mensch; das Gras ist hoch. So hoch, dass der Rasenmäher an seine Grenzen gerät und so viel, um über der ganzen düsteren Geschichte Albaniens einem gesunden Flor auf einem fruchtbaren Nährboden beim Wachsen zuhören zu können.

Idas Freundin Nina hat für unser Haus ein Plakat gemalt: „H E R Z L I C H   W I L L K OmmeninderUnteren-Gallusstraße!" (Leider wurde der Platz knapp!) Auf albanisch heißt das „Miresevini" (also nicht: „Leider wurde der Platz knapp!", sondern „Herzlich willkommen!"). Denn Platz für „Willkommen!" ist an jedem Ort und in jedem Haus.

- VORLÄUFIGES ENDE -